KB273581

redesign WORK

일을 위한 디자인

초판 1쇄 발행 2025년 12월 25일

지은이 올리비아 리

펴낸이 조기흠
총괄 이수동 / **책임편집** 박의성 / **기획편집** 최진, 유지윤, 이지은
마케팅 박태규, 임은희, 김예인, 김선영 / **제작** 박성우, 김정우
디자인 필요한 디자인

펴낸곳 한빛비즈(주) / **주소** 서울시 서대문구 연희로2길 76, 5층
전화 02-325-5506 / **팩스** 02-326-1566
등록 2008년 1월 14일 제25100-2017-000062호

ISBN 979-11-5784-846-1 03190

이 책에 대한 의견이나 오탈자 및 잘못된 내용은 출판사 홈페이지나 아래 이메일로
알려주십시 오. 파본은 구매처에서 교환하실 수 있습니다. **책값은 뒤표지에 표시되어 있습니다.**

⌂ hanbit-biz.com ✉ hanbitbiz@hanbit.co.kr ⓕ facebook.com/hanbitbiz
Ⓝ blog.naver.com/hanbit_biz ▶ youtube.com/한빛비즈
ⓘ instagram.com/hanbitbiz

지금 하지 않으면 할 수 없는 일이 있습니다.
책으로 펴내고 싶은 아이디어나 원고를 메일(hanbitbiz@hanbit.co.kr)로 보내주세요.
한빛비즈는 여러분의 소중한 경험과 지식을 기다리고 있습니다.

일을 위한 디자인

redesign WORK

올리비아 리 지음

일의 본질을 다시 설계하는 AI 시대의 생각 훈련

한빛비즈
Hanbit Biz, Inc.

당신의 세상이 단순해졌으면 좋겠습니다

프롤로그

당신의 세상이 단순해졌으면 좋겠습니다

1.

디자이너는 멋있습니다.

디자인이라는 전공을 택하기로 마음먹은 순간, 내 마음도 그 멋있음에 매혹된 것이었습니다.

어떤 직업이라도 각자의 이유로 고되겠지만, 디자인은 유난히 크고 멋진 깃털을 뽐내는 공작이 아닌가 싶습니다. 시각 언어를 다루는 훈련, 감각적인 것들로 둘러싸인 환경, 작업 과정에서 철학을 드러내는 당당함. 사람들은 (어쩌면 디자이너 스스로조차) 디자인과 디자이너에 대해 환상을 가지고 있습니다.

30여 년 동안 디자인을 하면서 느낀 것은, 디자이너는 눈에 보이는 아름다움을 위해 보이지 않는 세계를 탐험하고 사용자의 편안함을 위해 치밀한 질서를 설계하는 사람이라는 것입니다.

디자인은 보이는 것을 만드는 일이지만, 그 힘은 보이지 않는 곳에서 나온다고 믿습니다. 사용자가 존재조차 인식하지 못하는 정보와 사고의 구조, 저항 없이 따르게 되는 흐름, 가장 필요한 순간에 그 자리에 있어주는 기능. 이것이 내가 믿는 디자인의 본질입니다. '당연하게 작동하는 것' 속에 숨겨진 수만 번의 선택을 견디고, 사람들의 행동을 예측해 그들이 머뭇거리지 않을 투명한 길을 만듭니다. 이 세상에 아직 존재하지 않는 것들을 계속 상상하고, 존재하지 않는 그것들을 사용하는 사람들을 상상하고, 그들의 욕망과 삶을 상상합니다. 몇 달, 몇 년 후의 세상을 상상하기 위해서 나의 오늘쯤은 기꺼이 갈아 넣을 수 있는 날들을 살아왔습니다.

　　UX 법칙 중에 '테슬러의 법칙Tesler's Law'이라는 것이 있습니다. 복잡성 보존의 법칙, 즉 어떤 시스템이든 줄일 수 없는 일정 수준의 복잡성이 존재한다는 가설입니다. 한쪽을 단순하게 만들려면 다른 쪽이 그 복잡함을 껴안아야 한다는 의미죠. 디자이너의 역할은 바로 그 복잡성을 기꺼이 자신의 몫으로 가져오는 것입니다. 직업이 고도화되면서 경쟁력을 갖추기 위해 고객을 더 들여다보는 직업은 있지만, 그 많은 직업 중에서도 다른 사람의 고난을 짊어지는 것이 존재 이유인 직업은 흔치 않습니다. 디자이너는 바로 그런 남들의 고난을 해결하는 것이 일이 되는 존재입니다.

　　언젠가부터 "착함은 디자이너의 재능"이라고 말하고 다녔던 이유는 남들의 '어려움'을 발견하는 일이 학습으로만 이뤄지기 힘들다는 것을 알았기 때문입니다.

　　한의사 선생님이 내 맥을 짚고는 했던 말이 떠오릅니다. "소소한 일에 너무 신경 쓰지 마세요. 당신의 자율신경에 해로워요." 그 말을 들으며 속으로 생각했습니다. '미안해요, 선생님. 그렇게 온갖 소소한 일에 신경을 쓰며 사는 것이 직업인으로서 나의 존재 이유예요. 내가 많이 신경 쓸수록 사람들이 편히 살 수 있는 거거든요. 아직은 제 자율신경은 선생님만 신경 써주세요.'

아직은 닳아 없어지지 않은, 태생은 튼튼했던 나의 자율신경에 감사합니다. 최애의 공연과 팬미팅을 위해 땡볕에 줄을 설 수 있는 애정을 품게 하는 K팝 아티스트들만큼 당신의 삶에 위안을 줄 수는 없지만, 디자이너인 나는 누군가가 매일 치르는 힘겨운 싸움을 조금이나마 덜어주기 위해 오늘도 자율신경을 갈아 넣고 있답니다.

당신의 세상이 조금은 더 단순하고, 평온하길 바랍니다. 오늘도 아무렇지 않은 나날이길 바랍니다.

2.

디자이너로서 일하면서 가장 힘든 순간은 고생 끝에 세워놓은 디자인의 방향이 개인의 취향과 혼동될 때입니다. 맥락과 기능을 무너뜨리는 "난 이게 좋아", "이쁘게", "이거 확 눈에 띄게"라는 말과 싸워야 합니다. 특히 내 의견을 선뜻 말하기 어려운 '갑'이나 '보스'가 그런 표현을 할 때는 참으로 어렵고 힘듭니다.

10여 년 전, 한 고객사 부사장님이 물었습니다. "우리도 아이폰처럼 멋진 거 만들어주는 거죠?" 나는 답했습니다. "아이폰 처음 나왔을 때 멋진 거라고 안 하셨잖아요. 아이폰이 성공했으니까 멋지다고 말씀하시는 거잖아요. 최고의 사용자 경험은 사용자가 그것이 존재하는지조차 모를 때 완성됩니다." 그리고 이렇게 말했죠. "아마 멋지진 않을 겁니다. 대신, 필요할 때마다 당연하다는 듯이 제 역할을 해낼 겁니다."

…흔들렸던 그분의 눈빛을 아직도 기억합니다. 그때 왜 그랬을까요. 2017년 개봉한 영화 〈원더Wonder〉에는 '옳음'과 '친절함'을 선택할 수 있다면 친절함을 선택하라는 얘기가 나오는데, 그 영화가 조금 더 일찍

나왔더라면, 그분께 조금은 더 시간을 들여서 (조금은 더 신비로운 미소를 지으며) 그 순간을 넘겼을지도 모르겠습니다.

지금이야 어느 조직에 가도, 적어도 내 일에 대해서 의견을 과감하게 말할 수 있는 입장이 되기도 했지만, 경력이 짧았거나 을이었을 때는 이 과정이 투쟁의 역사였습니다. 당돌하다 못해 저돌적으로 '옳음'을 주장하던 내게 '싸가지없다'는 평가가 내려졌던 것은 어쩌면 당연했을 수 있습니다. 다행인 것은 지금은 이런 나의 주장이 '쿨하고 멋있다'는 평을 듣습니다. 나는 바뀌지 않았습니다. 세상이, 그리고 나를 필요로 하는 위치가 바뀌었을 뿐입니다. 그때는 치기 어리게 들렸을지 모를 그 대답을, 오늘은 신념으로 얘기할 수 있게 됐습니다. '옳음'을 '친절함'과 함께 선택할 수 있는 상황이 된 거죠.

하지만 아직도 내가 만나는 수많은 디자이너가 비슷한 얘기를 합니다. "나는 그들이 말하는 것을 이유도 듣지 못한 채 툴을 사용해 구현하기만 하는 사람이 아니고 싶어요." "의도를 알려줘야 최고의 아웃풋을 만들죠." "문제점을 발견하라고 말만 하고, 일은 그렇게 안 하는데 난 뭘 해야 하는 거죠?" "디자이너가 말하는 의견을 좀 더 회사가 귀 기울여 들어줬으면 좋겠어요." 나도 짧지 않은 시간 동안 매 순간 좌절하면서 여기까지 왔는데, '아직도 디자이너의 세상은 바뀌지 않았구나, 내가 그냥 여기서 그만하면 저들도 나와 똑같은 좌절의 순간들을 겪겠구나'라는 생각을 했습니다. 이제 슬슬 나의 자율신경을 위해 디자인을 그만해야 하나 고민하고 있었는데, 이렇게 그만둘 수 없었습니다.

디자이너는 도구를 잘 다루는 사람이 아니라, 질서와 철학에 근거해 가장 올바른 선택을 내리는 사람이어야 합니다. 유행은 스쳐 가고 기술은 빛의 속도로 변하기에 나는 더욱 본질을 믿습니다. 우리 같이 기다리고 버팁시다, 아무것도 하지 않고 시간을 기다리라는 의미가 아닙니다. 남들이 이해하지 못한다고 해서 자신만의 반짝임을 스스로 진흙탕에 내던지지 말라는 뜻입니다. 갈 길이 멀다고 아직 시작도 안 한 것이 아니고, 한 걸음도 안 온 것도 아닙니다. 이만큼 같이 온 우리에게 박수를 보내고, 앞으로 더 같이 걸어가야 할 길에 서로의 힘을 불어넣어봅시다.

레너드 번스타인이 말했죠. "하루 연습하지 않으면 내가 알고, 이틀을 쉬면 동료가 알고, 사흘을 쉬면 관객이 안다." 이 말처럼 좋은 디자인은 내가 먼저 압니다. 두 번 잘하면 경쟁사가 알아보고, 세 번쯤 잘해야 비로소 사용자가 느낍니다. 그러니 우리는 자신감과 책임감을 품고 외칠 수 있어야 합니다. "보스, 무엇을 원하시는지 알려주십시오. 최고의 디자인으로 책임지는 것은 나의 몫입니다."

3.

디자이너가 갖는 또 하나의 어려운 점은 시간을 견디는 동시에 시간을 앞서야 한다는 것입니다. 오늘은 뿌듯해도 내일은 그것을 의심해야 하고, 공부하는 순간 낡아빠지고, 알아낼수록 더 미지로 떠밀리게 됩니다. 만들고 다시 만들며, 세상의 흐름을 조금 앞서 움직이는 사람이어야 한다는 강박관념이 있습니다. 그래서 '공부법'을 물어오는 질문들에 당황스러워하는지도 모르겠습니다.

'공부'라는 단어를 나는 내 공구 상자에 넣어둘 새로운 공구-새로운 방법론이나 기술, 트렌드-를 어떻게 써야 하는지 고민하고 벼리는 일 정도로 인식하는 것 같습니다. 새로운 맥북을 샀을 때, 내 손에 맞는 마우스를 발견했을 때, 새로운 커피머신을 사고 어떤 원두가 내 입맛에 맞는지 테스트해보는 것 같은 느낌이에요. 그래서 이론과 기술을 실제로 사용하면서 원래의 설명보다 더 멋지게 실무에서 썼을 때 더 짜릿합니다.

다른 사람들에게는 공부의 영역이 나에게는 데이터 컬렉션의 영역인 것은 아닐까 생각합니다. 어쩌면 대부분의 우리에게, 그리운 청춘이기 이전에 답답한 트라우마로 남아 있는 고등학생 때의 입시 스트레스가 '공부'라는 단어 자체에 공포증을 일으킨 것은 아닐까, 하는 생각도 듭니다.

　말콤 글래드웰은 《아웃라이어》에서 "시대와 장소가 주는 특별한 기회"를 이야기했습니다. 따로 의식적으로 열심히 공부한다고 생각했던 적이 없는데도 내가 이 일을 해내고 있다는 건, 어쩌면 그런 '기회의 시기'에 우연히 한국에서 디자인을 시작했기 때문일지도 모릅니다. 배우기보다는 만들어 나가고, 스스로 그에 의미를 부여했어야 했거든요.

　대학생 때, 은사님이자 이 책의 추천사를 써주신 이건표 교수님께서 디자인 방법론 시간에 "'Do'하지 못하는 사람이 'Research'하고, 'Research'하지 못하는 사람이 'Teach'한다"라고 말씀하셨습니다. 교수님들 사이에서 유행하는 셀프디스였던 것으로 기억합니다. 아마도 이것은 학문과 정보를 활용해서 실제 세상에 새로운 것을 내놓는 사람들에 대한 존중일 것입니다. 그 말은 짧지 않은 시간 동안 현업에서의 힘든 순간을 견디게 해주는 위로가 됐고, 아직도 내가 실제적인 '창작자'로 현업에서 만들어내는 것을 놓지 않고 있는 이유인 것 같습니다.

오늘도, 당신의 평온한 하루를 위해 나의 자율신경을 내어드릴게요.

디자인이라는 언어를 빌려
우리가 함께하는 일상이 조금 더 단정해지고
조금 더 다정해지기를 바라면서

올리비아

디자이너의 특이점은 이질적인 두 세계를 동시에 붙잡아서 그것을 하나로 교차시키는 데서 출발합니다. 눈에 보이는 형태와 보이지 않는 개념, 현재의 공간과 흐르는 시간, 드러낼 것과 숨겨놓아야 할 것, 차갑게 계산된 기능과 순간순간을 흘러가는 마음, 문제와 해답. 이질적이고 서로 반대편에 서 있어야 하는 것들을 분리하지 않고 하나의 화면, 하나의 장면, 하나의 순간 안에 함께 끌어들입니다.

직업인이라면 누구나 문제를 풀고, 협업하고, 미래를 준비합니다. 그러나 그 과정에서 하나는 본질이 되고 다른 하나는 부차가 되거나, 순차적 단계로 분리되어 다루어지곤 합니다. 이것들 중 한 가지만 하는 경우도 많고요. 하지만 숫자만 봐서는 감정을 놓치고, 개념만 붙잡으면 형태를 잃습니다. 시간을 무시하면 순간에 발목 잡히고, 감정을 외면하면 기능이 공허해집니다. 문제와 해답을 따로 두면 실행이 느려지고, 실행만 서두르면 본질을 잃게 되는 경우가 많습니다.

다른 세계를 동시에 붙잡는 힘,
이질적인 것을 교차시켜 새로운 가능성을 열어내는 힘.

이렇게 디자이너처럼 생각하는 것이 AI 시대의 혼란 속에서 문제를 풀고 미래를 만들어갈 수 있는 가장 현실적인 사유의 방식이 될 수 있으리라 생각합니다. 디자인은 직업이 아니라 사유의 훈련이고, 디자이너만이 아니라 우리 모두가 더 성장하는 직업인이 되기 위해 필요한 힘입니다.

디자이너로 살아온 시간이 가르쳐준 작은 깨달음, 교차의 자리에 서 있을 때 비로소 보이는 풍경들을 나누고 싶었습니다. 이 책이 여러분에게는 디자인을 이해하는 창이 되고, 동시에 자신이 하고 있는 일을 새롭게 설계하는 훈련이 되기를 바랍니다.

추천의 글

교직 생활을 40여 년 넘게 하면서 가끔 제자들로부터 책을 추천해달라는 부탁을 받는다. 대부분의 경우 흔쾌히 수락하지만, 올리비아가 내게 부탁했을 때, 작은 의구심이 들었다. 요즘같이 하루가 멀다 하고 AI를 비롯한 새로운 툴이나 새로운 디자인 영역이 생길 때 자칫 책의 내용이 실제로 서점의 책장에 꽂힐 즈음 구식이거나 더 나아가 사실이 아니게 될 수도 있기 때문이다.

변하는 건 디자인 툴만이 아니다. 디자인해야 할 대상이 단순 인공물을 지나 최근에는 정책 디자인으로, 디자이너의 작업 방식도 인하우스나 컨설턴시에서 프로젝트 기반 전문가 집단collectives 등으로 모두가 바뀌고 있으니 말이다. 더구나 제목도 다소 담백하고 비학술적이어서 우려가 적지 않았다. (디자이너가 쓴 책인데 그림도 거의 없지 않은가!)

　꼼꼼히 살펴보니, 이 책은 어떻게 디자인을 통해 성장할 수 있는지, 그리고 단계마다 요구되는 역량 방법 등과 같은 무거운 내용을 쉽게 '소화'할 수 있게 쓰여 있다. 특히 모든 내용이 막연히 책에서 배운 것이나 남에게 들은 것이 아니라 그녀가 실제로 경험했던 것을 바탕으로 하기에 글이 겉돌지 않고 단단하게 짜여 있다. 대기업 인하우스 디자인에서 디자인 컨설턴시, 디자인 비즈니스 운영자로, 국내에서 해외로, 1990년대 중반부터 최근에 이르기까지 숨 가쁘게 변해온 디자인을 오롯이, 온몸으로 겪어온 값진 '라떼'가 화려하게 펼쳐진다.

　어떤 제자들은 일찌감치 대학으로 가 후학을 가르치는 일에 전념하고, 또 대기업에 취업해 임원에 이르기까지 깊이 파고드는 제자들이 대부분이지만, 올리비아는 그야말로 대기업 말단 디자이너, 프리랜서, 디자인 컨설턴시 매니저, 디자인 비즈니스 운영자, 디자인

교육자 등으로 한국 디자인의 역사에 오지랖 넓게 모두 발을 들여놓은 희귀한 제자다. 각 장의 내용에서 얻는 실질적인 내용도 중요하지만, 어떻게 이렇게 수많은 변화에 능동적으로 적응하고, 또 변화를 마련해 나갈 수 있는지를 느끼게 해주고, 독자들이 각자의 현 위치를 비춰보고 동기부여할 수 있는 책이다.

이 책의 내용이 구식이 되거나 사실이 아닐 수도 있게 될 것이다. 하지만 단언컨대, 새로운 패러다임이 나타날 때, 그것에 적응해 나가는 태도와 과정은 다음의 다른 패러다임에 대응해 나갈 때도 표피적 내용만 달라질 뿐, 흐름은 대동소이하다. 올리비아의 이야기는 이 책으로 끝나지 않을 것이다. 그리고 일에 대한 그녀의 궁리를 독자들이 일과 삶에서 이어갈 수 있다면, 독자들의 미래 또한 그저 그런 이야기로 끝나지 않을 것이다.

_이건표

(카이스트 명예교수, 홍콩폴리텍대학교 디자인대학 학장)

AI의 부상이 인간이 하는 일의 가치를 끊임없이 위협하는 시대, 그럼에도 우리는 점점 오래 살고, 그럴수록 일하며 살아야 하는 시간은 길어진다. 이 딜레마 사이에서 우리가 오랜 시간 붙들 수 있는 유일한 비빌 언덕이 있다면 바로 배우는 태도일 것이다. 이것이 논평가가 아니라 플레이어로 오랫동안 일할 수 있게 해준다. 이 책은 스스로 그렇게 오랜 시간 플레이어로서 일해온 저자의 태도와 노하우가 담긴 책이다. 이 시절의 혼란에 불안을 느끼는 많은 이에게 단단한 기초를 상기시켜줄 것이라 믿는다.

_제현주

(《일하는 마음》 저자, 인비저닝파트너스 공동대표)

AI가 일을 대신하고, 세상의 속도가 두 배로 빨라진 요즘. 무슨 일을 해야 하고, 어떻게 살아남아야 할지 걱정과 질문이 많은 시대. 이 책은 그 불안한 물음들에 흔들리지 않는 태도와 생각의 힘으로 답한다. 불확실한 시대를 살아가는 모든 일하는 사람들에게, 이 책이 좋은 동반자가 될 것이라 믿는다.

_윤현준(잡코리아 대표)

목차

Chapter 0.

일하는 디자인

과학자를 꿈꾸던 내가 디자인을 공부하면서, 그리고 짧지 않은 시간 동안 디자이너로 일하면서 좋은 디자인에 대해 고민하는 것은 이질적인 두 세계를 씨실과 날실로 엮는 것 같은 느낌의 연속이었습니다.

나는 디자이너로서는 약간은 특이한 배경을 가진, '공대 나온 디자이너'입니다. 구조를 읽고 체계를 세우고 논리를 풀어내는 일에는 익숙했지만, 반대로 크리에이티브에는 약할 거라는 위축감과 타고난 센스가 부족하다는 자격지심이 있었던 것입니다.

또한, 비록 2013년도 데이터이긴 하지만, '부모님에게 설명하기 힘든(!) 직업' 1위를 당당하게 차지한

UI/UX 디자이너였습니다. 시간이 지나면서 '프로덕트 디자이너'라는 이름으로 직업의 명패까지 달라지는 격랑을 헤쳐가는 일을 선택했다는 것은, 이 고민이 더 깊어지면 깊어졌지 10여 년 동안 해결된 어려움은 아니라는 방증이기도 합니다.

사실 처음부터 이 직업은 오해와 편견 속에서 출발했습니다. 삼성전자 신입사원 연수에서조차 내가 맡았던 일은 코스프레 의상을 만드는 것이었고, 일러스트를 그리는 과업이 주어지기도 했습니다. 그만큼 디자인은 '비주얼과 겉모습을 만들어내는 일'이라는 인식이 뿌리 깊게 자리하고 있었던 것이죠.

나에게도 이러한 대중의 인식은 갈등을 만들어내기에 충분했습니다. 내가 받은 교육과 세상이 내게 요구하는 것 사이에는 늘 큰 차이가 있었습니다. 학교에서는 문제를 분석하고 구조를 세우는 법을 배웠지만, 사회가 디자이너에게 기대한 것은 화려한 비주얼을 그려내는 재주에 가까웠습니다. 그 차이는 사소한 오해로 끝나지 않았습니다. 나를 설명할 수 없는 답답함, 디자이너라는 이름에 씌워진 이미지, 그리고 스스로 존재 이유를 증명해야 한다는 압박으로 이어졌습니다.

나는 그 차이를 설명하기 위해 오래 고민했습니다. 왜냐하면 그 차이가 단순히 직무 설명의 어려움이 아니라, 내가 "어떤 디자이너로 살아갈 것인가?"의 문제였기 때문입니다. 결국 나는 "좋은 디자인이란 무엇인가?"라는 질문을 붙들 수밖에 없었습니다. 그리고 그 질문에 답하려는 과정에서 나만의 취향과 좌표계가 만들어졌습니다.

사람의 경험을 새롭게 조직하고, 기술과 인간 사이에 질서를 세우고, 이야기를 연결하는 일이라는 손에 잡히지 않는 바로 그 사실을 이해시키고 싶었습니다. 디자인은 '멋져 보이는 것'을 만드는 직업이 아니라, '살아가는 방식을 더 낫게 바꾸는' 실질적인 역할을 한다는 사실을 나는 끊임없이 고민하고 설명해야 했습니다.

재주 넘을 궁리

사람들은 여전히 이 일을 쉽게 정의하지 못합니다. 그러나 나는 묻고 또 묻습니다. "어떻게 하면 이 직업의 가치를, 그리고 디자인이 가진 본질을 더 잘 설명할 수 있을까?"

그렇게 나는 점점 '생각하는 방식'을 다듬는 일을 디자인의 본질로 여기게 되었습니다. 감정과 직관으로 시작했던 질문들이 어느새 사고의 구조와 논리의 언어로 옮겨가고 있었고, 사업적으로 나온 수치를 디자인으로 변환하는 과정에서 디자인은 더 이상 감각 혹은 논리의 영역에만 머물지 않았습니다. 보이는 것 뒤에 숨어 있는 원리와 맥락, 그리고 사람의 움직임까지 함께 설계하는 일로 확장된 것이죠. 그 과정에서 좋은 디자인은 결국 '다양한 각도와 관점에서의 사유의 결과'이며, 생각의 질감과 치열함이 곧 결과물의 품격을 결정한다는 것을 깨달았습니다.

하지만 사고의 구조는 저절로 만들어지지 않습니다. 좋은 것을 보고 배우는 능력, 그리고 그 학습을 통해 자신만의 사유 체계를 쌓아가는 방법이 필요합니다. 이제 그 사고의 구조를 어떻게 세우고 다듬어왔는지, 나눠볼게요.

Chapter 1.

생각의 구조를 설계하다

디자이너의 공부법

책상에 앉아 교재를 정리하거나, 집중해서 강의를 듣거나, 내용을 외우거나, 계획을 세워서 차근차근 배우는 방식을 공부라고 한다면, 사실 내가 공부에서 손을 놓은 것은 오래전의 일입니다. 특히 시험이라는 제도가 나를 평가하는 삶을 벗어난 순간부터 그 속도와 정도는 더 심해졌습니다.

하지만 '공부'를 한다는 뜻이 새로운 방법론이나 작업 방식, 툴을 사용하는 것이라면 꽤 열심히 공부하는 사람 중 하나인 듯싶기도 합니다. 최근에 같이 일하는 동료들에게 바이브 코딩으로 새 프로젝트의 로파이 프로토타입을 만들어 공유하면서 신나 했거든요. (이 책을 쓰는 지금, 바이브 코딩은 내가 일하는 프로덕트 디자인 업계의 뜨거운 탐구 영역입니다. 생각을 리드타임 없이 바로 와이어프레임으로 뽑아내고, 그걸 실험할 수 있도록 세팅하는 작업이요. 아이디어가 떠오르면 지체 없이 화면 위로 구현하는 이 '느낌적'인 일의 방식이 몇 년, 아니 몇 달 후에는 일상이 되겠죠.)

오랫동안 한 분야에서 일했다면, 다양한 경험 덕분에 맥락 해석과 상황 대응력은 좋을 수 있습니다. 하지만 그것 때문에 새로운 방식 앞에서 방어적일 가능성이 크고, 그래서 빠르게 움직이는 사람들과 감각 차이가 벌어질 수도 있습니다.

아이러니하게도, 이런 감각의 차이는 손 쓸 수 없이 빠르게 판단력을 무너뜨리는 결과를 가져옵니다. 그 순간이 오는 것을 완벽히 막을 수 있다면 좋겠지만, 인생에서 일어나는 대부분의 일처럼, 이 또한 계획이나 준비만으로 대응할 수는 없습니다. 내가 한 치 앞을 예측할 수 없는 장애물 피하기 게임 같은 이 현실을 지나올 수 있었던 건, 다행히도 익숙함이 편해지기 전에 호기심이 먼저 반응한 덕이 아닐까 싶습니다.

그래서 지금, 내가 어떤 방식으로 학습해왔는지를 이야기하지 않으면 내가 어떻게 일하고, 어떻게 생각하고, 무엇에 반응했으며, 지금도 아직 나의 판단력이 필요한 곳이 왜 있는지 설명하기 힘들 것입니다. 학습은 나에게 있어 목적이 아니라 태도였고, 그 태도는 내 일의 방식 전체를 설명하는 중요한 실마리입니다.

그리고 지나고 나서야 알게 되었습니다. 이 태도가 바로, 내가 30년 가까운 시간을 한 분야에서 일하면서도 도태되지 않을 수 있었던 이유였다는 것을요.

배움 자체가 목적인 사람도 많습니다. 그들은 배우는 행위 그 자체를 사랑하고, 지식을 얻는 과정이나 개념을 사유하는 일에서 기쁨을 느낍니다. 별다른 외적 목적 없이도 배우고, 알아가고, 이해하고, 연결하는 그 모든 과정이 곧 목적이 되는 사람들입니다.

나도 그런 방식으로 몇 번 시도는 했습니다. '배움

은 그 자체로 숭고해야 한다'는 식의 암묵적인 기대가 있었고, 그것이 당연하다고 생각했었죠. 하지만 안타깝게도, 나에게 배움 자체가 흥미로웠던 적은 없었습니다. 무언가를 '알아가는 행위'보다 '해야 할 이유'가 먼저 확실히 있어야 움직일 수 있는 사람이었고, 그래서 배움 그 자체를 위한 학습은 종종 흐름을 이어가지 못한 채 종료되곤 했습니다.

그런데 이상하게도 '일'을 통해 배우는 것에는 꽤 빠르게 적응했습니다. 문제를 풀기 위해, 무언가를 제대로 만들기 위해, 누군가를 설득하기 위해 배우는 일이라면 의식하기 전에 배웠고, 남들보다 반 발자국씩 빠르게 적용할 수 있었습니다. 나에게 학습은 언제나 목적이 선명할 때 비로소 작동하는 '기능'에 가까웠고, 그 목적이 실전과 연결되어 있을 때 가장 민감하게 반응했습니다. 배움은 '좋아서'가 아니라 '살아남기 위해서' 하는 것이었고, 어쩌면 그래서 더 날카롭고 빠르게 받아들였는지도 모르겠습니다.

나는 '배우는 즐거움'을 말할 수는 없습니다. 국민

(!)학교, 아무리 너그럽게 말해도 중학교 이후에 배움 자체가 즐거웠던 적이 별로 없었거든요. 하지만 우리에게 절박한 '일하고, 살아가기 위한' 배움에 대해서는 하나 정도의 방법은 알려줄 수 있지 않을까 싶습니다. 내가 말하는 방법이 모두에게 적합한 방법은 아닐 수 있겠지만, 삶을 위한 학습에 조금이라도 도움이 되는 사람이 그래도 있을 수 있으리라 생각합니다.

두 갈래의 길

일을 하면서 배우는 일은 나에게 언제나 목적이 있는 행위였습니다. 그 목적은 크게 두 가지로 나뉩니다. 하나는 새로운 트렌드나 기술이 나의 작업 방식에 영향을 줄 때이고, 다른 하나는 지금 당면한 문제를 해결해야 할 때입니다. 이 두 경우는 출발점은 다르지만, 결국은 내가 이해하고 적용할 수 있는 방식으로 정리되고 실천되어야 한다는 점에서 연결되어 있습니다.

첫 번째 길: 새로운 트렌드를 구조화하는 학습

새로운 툴이나 접근법이 등장하면, 나는 먼저 그것이 기존 방식과 어떻게 다른지 가려내는 것으로 학습을 시작합니다. 겉보기에 새로운 것들도 대부분은 익숙한 원리 의에 약간씩 새로운 접근을 담고 있기 때문에, 이전에 써봤던 방법론이나 도구들과의 유사성과 차이점을 구조적으로 정리해봅니다.

그 후에는 내 일의 어떤 부분과 연결될 수 있는지를 분석합니다. 어떤 지점은 대체될 것이고, 어떤 지점은 전혀 영향을 받지 않을 수 있습니다. 이걸 구분해야 어디에 써야 하고, 원래의 의도와는 달리 이전에 가지고 있던 문제를 해결할 수 없거나 혹은 아직 이르다는 판단을 할 수 있습니다. 이 과정은 이전의 유사성과 차이점의 구조화가 결정적 기준이 될 수 있습니다.

여기서 핵심은 '전체를 다 배우지 않아도 움직인다'는 것입니다. 나에게 지금 필요한 부분, 내가 쓸 수 있는 범위만 뽑아냅니다. 이유와 의미는 파악하되, 학습 범위는 최소화해야 최소한의 노력으로 적용을 최대화할 수 있습니다. 그리고 바로 테스트를 해봅니다.

나의 테스트는 남들이 '테스트'라고 생각하는 것보다 훨씬 실제적이고 본격적입니다. 내가 뭔가 테스트해보고 싶은 순간, 내 옆에 있는 사람들은 리스크 없이 뭔가를 해볼 수 있는 행운을 갖기도 합니다. 그렇게 실제적으로 테스트해봐야 진짜 방법론과 도구가 필요할 때 실수 없이 완벽하게 사용할 수 있고, 기존 방식보다 나은지 확인할 수 있으며, 어떻게 해야 효율적으로 활용할 수 있는지, 작업의 어디쯤부터 수정과 개선에 시간과 노력이 많이 드는지 파악할 수 있기 때문입니다.

종종 이 과정에서 내가 하고 있는 일의 의미가 바뀌는 것을 느끼면, 그것이 일에서 어떤 역할을 하게 될지도 생각해봅니다. 이것은 따라가야 할 트렌드인가, 잠깐 지나가는 일시적 현상인가를 판단하는 것도 중요합니다. (말은 이렇게 했지만, 언제나 그 판단은 물밀듯이 오고, 대부분의 경우 올라타야 하는 파도였습니다.)

지금은 피그마Figma가 디자인의 거의 모든 영역에서 가장 널리 쓰이는 툴이 되었고, 기업공개와 함께 90조짜리 기업이 되었지만, 피그마가 출시될 때만 해도 디자이너들에게는 스케치, 포토샵, 일러스트레이터가 오랫동안 익숙한 도구였습니다. 제플린Zeplin을 활용해 다른 역할의 구성원들에게 전달하면 끝.

당시 샌프란시스코의 스타트업에서 일하던 친구가 "언니, 피그마를 써야지"라고 한마디 했을 때, 저는 '스케치 배운 게 얼마나 됐다고…' 투덜거리면서도 바로 피그마를 열어봤습니다. 왜 그녀가 당연하게 옮겨가야 한다고 했는지를 탐구해보고 싶었기 때문입니다. 화면을 만드는 방법은 스케치와 유사했고, 온라인으로 협업할 수 있다는 점도 눈에 띄었지만, 이것이 보편화된 툴을 바꿀 만큼 핵심적인 가치인지는 여전히 의심스러웠습니다. 특히 내가 혼자 바꾸면 되는 것이 아니고, 내가 속한 환경과 구성원이 모두 함께 바뀌어야 가능한 일이라서 더 그랬던 것 같습니다.

이후 미국과 한국을 오가며 근무했기 때문에 피그마를 계속 쓸 수밖에 없었습니다. 그래서 내가 몸담은 회사마다 어렵게 설득하며 도입을 이끌어야 했습니다. 팬데믹이 시작되자 원격 협업이 보편화되면서 피그마가 업계 표준으로 자리 잡았지만, 그렇다고 모두가 자연스럽게 바꾼 것은 아니었습니다. 여전히 많은 조직에서는 익숙한 방식을 고수했고, 그럴 때마다 내가 직접 도입을 주도해야 했습니다. 그래서 팬데믹 이후에도 여러 회사에서 피그마의 첫 도입 과정에 내가 앞장서 있었습니다. 피그마의 넓은 화면에 익숙하지 않았던 분들은 제플린을 사용해 핸드오프해달라는 요구도 있었지만, 그것이 디자이너들의 작업 방식을 크게 바꾸지는 않았습니다. 그렇게 느리게 변하던 조직도 결국은 변화를 따라오게 되었죠.

중요한 것은 새로운 도구와 방식의 학습 여부를 빠르게 고민하는 태도였습니다. 학습에는 언제나 리스크가 따르지만, 그 리스크를 감당하는 사람이 변화를 앞서 경험하고, 조직과 일의 방식을 새롭게 만들어갑니다.

"Yea, not taking risks is the biggest risk."

"위험을 감당하지 않는 것이 가장 큰 위험이다." 그 뜻을 아는지 확실치는 않지만, 고등학생 아들이 마치 인생을 다 아는 듯한 말투로 했던 이 말이 아마도 이 세상을 살아가는 많은 사람에게 공통적으로 해당하는 말이겠죠. 이 말처럼, 나 역시 트렌드를 판단하는 데 있어 완벽한 확신보다는 '움직이지 않는 것'이 더 큰 위험이라는 본능에 가깝게 반응해왔던 것 같습니다.

```
// Plugin: LearningRiskHandler

on('newLearningInitiated', (user) => {
  const risk = calculateLearningRisk(user)              // 학습은 리스크를 동반함
  const willingToAbsorb = user.tolerance >= risk        // 리스크 감수 가능 여부 확인

  if (willingToAbsorb) {
    const insight = generateEarlyInsight(user)          // 먼저 변화를 감지하고
    const updatedFlow = redesignWorkflow(insight)       // 새로운 일의 방식 제안
    updateOrganization(updatedFlow)                     // 조직 전체에 적용
    notify(user, 'You're now leading the transformation.')
  } else {
    notify(user, 'Risk too high — change deferred.')
  }
})
```

// 모든 학습에는 리스크가 따름

// 하지만 리스크를 감당하는 사용자만이 먼저 변화를 감지하고

// 조직과 일의 구조를 새롭게 디자인할 수 있음

// Risk accepted → Insight granted → Workflow updated

// 학습은 리스크가 아니라, 선점이다.   // *Figma Plugin*

변화는 빠르거나 느릴 수는 있지만, 언제나 오는 것이기 때문에 틀릴 수도 있다는 걸 알면서도 모험을 시작할 수밖에 없습니다. 이 과정에서 큰 오류 없이 올 수 있었던 것은 (선택의 순간에 항상 행운의 요정이 함께 있었고) 새로운 것에 무작정 휘둘리거나 겁 없이 달려든 것이 아니라, 나만의 방식으로 학습을 '구조화'했기 때문입니다.

학습은 언제나 내 일 안에서 벌어졌고, 의미는 일의 변화 속에서만 생겨났습니다. 그래서 남들이 '공부'라고 부를 법한 많은 순간을 나는 '작업'으로 기억하고 있습니다. 이 방식은 지나고 보니, 내가 30년 가까이 일을 하면서 도태되지 않고, 오히려 중심을 잡을 수 있었던 유일한 방법이었습니다.

두 번째 길: 문제를 해결하기 위한 학습

또 다른 경우는 문제 상황에서의 학습입니다. 훨씬 더 긴박하지만, 좀 더 내 스타일의 방식입니다. 뭔가를 만들거나 해결해야만 하는 상황은 지금까지 항상 마주쳤던 순간이었고, 삶의 진행 방식이라고 해도 될 정도입니다.

이 상황에서 가장 먼저 하는 것은 그 문제가 무엇인지 '구조'를 세우는 것입니다. 나는 이 과정이 문제 해결을 위한 가장 중요한 단계라고 생각합니다. 동일한 상황에서도 문제를 어떻게 정의하는가에 따라 문제의 본질 자체가 달라지는 것을 봐왔습니다.

최근 UX 개편 프로젝트에 참여했을 때, 나에게 전달됐던 문제는 사용성 개선과 인터페이스 리디자인 문제였습니다. 그런데 들여다보니 단순히 표면의 UX 디자인이 문제가 아니었어요. 시간이 지나면서 복잡해진 상품 구조, 그 구조에 매출과 KPI(핵심성과지표)가 얽혀 쉽게 손대기 어려운 현실, 역할 경계가 흐려지면서 본질 밖의 일에 의미를 붙여야 했던 사람들의 사정이 겹쳐 있었습니다. 축적된 역사와 구조의 결과였지만, 결국 가장 큰 장점들이 관성 속에서 스스로를 숨기고 있었습니다.

그래서 나는 과제를 '특정 상품의 리디자인'이 아니라 '조직 차원의 정렬과 일하는 방식의 전환'으로 다시 정의했습니다. 그 일을 제대로 하려면 권한과 책임의 그릇이 달라야 했기에 디자인만 다루는 역할이 아니라 브랜드와 프로덕트를 함께 정렬align하고, 다른 조직의 일하는 방식 변화까지 리드할 수 있는 역할이 필요하다는 것을 공유했고, 그렇게 디자인 총괄로 합류했습니다.

문제의 정의를 바꾸니 해결의 방식도 달라졌고, 무엇을 고칠지보다 무엇을 드러낼지가 분명해졌습니다. 서둘러 빠르게 해결할 수도 있었지만, 회사도 '제대로 된 문제'로 정의해서 해결하는 것이 정말 필요하다는 것에 동의한 결과였습니다.

문제를 정의하고, 그 문제의 구조를 세우고 나면, 내가 이미 알고 있는 방법으로 풀 수 있는 부분과 그렇지 않은 부분을 나눕니다. 내가 아는 것으로 해결 가능한 문제는 최대한 빠르게, 때론 거칠게라도 처리해둡니다. 그래야 에너지를 아껴서 '모르는 부분'에 집중할 수 있기 때문입니다. 필요하면 노동집약적 단순 작업도 마다하지 않습니다. 효율이나 품격도 중요하지만, 그보다 먼저인 것은 일단 문제를 뚫고 지나가는 것이기 때문입니다. 효율과 품격은 성공적인 결과가 있어야만 챙겨갈 수 있거든요.

'모르는 부분'을 해결하기 위한 새로운 방법을 찾을 때는 검색하고, 다른 사람에게 묻고, 비슷한 사례를 확인합니다. 이럴 때는 내가 이미 많은 방법과 도구의 존재를 알고 있는 것이 도움이 됩니다. 이렇게 해서 방법이 보이기 시작하면, 그때부터는 필요한 학습이 시작됩니다. 이미 필요한 것이 명확해진 상황이기 때문에 어떤 방법과 도구가 그 문제를 해결할 수 있는지가 새로운 것이냐 아니냐보다 더 중요합니다. 어떤 원리가 작동하는지 분석하고, 나에게 필요한 방식으로 단순화해서 흡수하고, 바로 적용해봅니다. 트렌드 학습 때보다 훨씬 더 문제 해결에 필요한 부분만 집중해서 봅니다. 학습은 이처럼 문제 해결을 위한 수단이 되고, 목적이 아니라 과정으로 기능하게 됩니다.

다른 출발점, 같은 회로

나의 두 가지 학습 방식은 분명히 다른 출발점에서 시작합니다. 트렌드 학습은 변화의 감지에서 출발합니다. 내게 이것은 변화의 물결 앞에서 뒤처지지 않게 하는 안전장치입니다. 문제 해결 학습은 긴급한 해결 필요에서 출발합니다. 이것은 위기 상황에서 빠져나오게 하는 돌파구의 성격을 갖고 있습니다. 따라서 전자는 탐색적이고 비교적 여유 있는 과정, 후자는 압박이 크고 즉각적인 과정으로 성격이 구분됩니다.

트렌드 학습

1. 변화 감지 → 2. 기존 방식과의 유사·차이 구조화 → 3. 내 일과의 접점 선별 → 4. 적용 범위 최소화 → 5. 실제 테스트 → 6. 평가와 채택 여부 판단

문제 해결 학습

1. 문제 재정의 → 2. 구조화(원인·제약·관계) → 3. 아는 것/모르는 것 구분 → 4. 아는 것으로 병목 완화 →

5. 자료·사례 탐색 → 6. 필요한 만큼 학습 → 7. 라이브 적용과 피드백 → 8. 정렬·프로세스 수정

나에게 이 두 갈래 학습 방식은 차이가 분명하지만, 결국 같은 방식으로 동작합니다. '추상화 → 구조화 → 적용 → 검증'이라는 동일한 사고 루프 안에서 움직이고, 최소의 학습으로 최대의 적용을 끌어낸다는 원칙도 같습니다. 그래서 두 갈래는 '다른 출발점, 같은 회로'라는 말로 정리할 수 있습니다. 핵심은 무엇이 본질이고 무엇이 거품인지 가려내는 '추상화'와 그것을 다른 나의 지식이나 경험, 정보와 연결하는 '구조화'입니다.

배워야 할 대상이든 해결해야 할 일이든, 먼저 받아서 구조를 뜯어보는 훈련은 매우 중요합니다. 매번 다른 문제를 새로 푸는 것 같지만, 실제로는 같은 추상화 회로로 판단하고 실행하는 것을 반복하게 만들려고 노력합니다. 개별적인 문제를 경험의 바탕으로 삼기 위해서는 반드시 이 구조화 과정이 있어야 합니다.

나는 손을 먼저 쓰면서 몸으로 개념을 익히고, 그것을 패턴으로 기억합니다. '공부' 대신 맥락에 몸을 던지는 방식으로 배웁니다. 구조가 머릿속에 떠오르는 순간이 가장 중요합니다.

전략적으로 이렇게 해야겠다고 마음먹고 이렇게 하거나 누구에게 배워서 이렇게 하는 것이 아닙니다. 특별히 연습한 적도 없었고요. 문제가 생기면 일단 손을 대고, 전체를 먼저 감지하고, 자연스럽게 구조를 그려봤습니다. 절차를 따라 하기보다는 어느샌가 결과를 감지하고, 그 흐름을 거슬러 올라가곤 했습니다. 어렸을 때부터 늘 자연스러웠기 때문에 정작 나는 내 방식이 어떤 건지 잘 설명하지 못했습니다. 순식간에 지나가는 감각들을 붙잡아두기 어려웠던 거죠.

생각해보면 이런 방식은 아주 어릴 때부터 내 안에 있었던 것 같습니다. 초등학생 시절, 수업 시간에 노트를 개조식으로 정리한 걸 본 선생님이 "이거 누가 가르쳐준 건가요?"라고 엄마에게 물어보신 적이 있었습니다. 나는 아무 생각 없이 보기 편하게 쓴 거였는

데, 선생님에게는 신기하게 보였나 봅니다. 글을 쓸 때도 유난히 문단을 딱 적절하게 나눠준다고 숙제를 검사하시던 선생님의 말씀이 지금도 기억합니다. 지금 생각하면 그것이 '구조화'라는 감각의 시작이었던 것 같습니다.

세상의 복잡한 것들을 조금 더 명확하게 이해하고 싶었던 마음. 덕분에 공부를 즐거워하지도 않으면서 다행히 대한민국의 입시 지옥을 어떻게든 통과할 수 있었던 것 같습니다. 성과는 좋았지만, 나에게 공부는 늘 벅차고 어려운 일이었고, 다만 문제를 감지하고 구조화하는 방식이 그 어려움을 조금 다른 방식으로 비껴가게 해주었을 뿐입니다. 내 방식대로 버텼다는 말이 더 정확할지도 모르겠습니다.

너무 웃기게도, 이것이 머신러닝의 작동 방식이라고 하더라고요. 스스로 꽤 인간적인 방식으로 배워왔다고 생각했거든요. 감각적으로 받아들이고, 필요할 때 딱 필요한 만큼 배우고, 복잡한 건 단순화해서 써먹고. 그런데 알고 보니 이게 머신러닝이 데이터를 학습하는 방식과 거의 똑같다고 하네요. 머신러닝은 데이터를 일일이 규칙으로 설명하기보다는 스스로 패턴을 찾아내는 방식이라고 하던데, 알고 보면 나도 사람 중에서는 그런 쪽이었나 봅니다. 누가 정확히 알려주기 전에도 문제에 부딪히면 흐름을 감지하고, 구조를 파악하그, 작게 적용해보면서 반복적으로 조정하는 식이니까요.

므척 효율적인 방식임에도 머신러닝에는 함정이 있다고 하는데, 사실 나의 학습 방식에도 유사한 함정이 있었습니다. 너무 빨리 패턴을 찾아내다 보니 간혹 중요한 것을 놓치기도 하고, 어떤 문제는 프레임 자체를 새로 짜야 했는데 그걸 늦게 깨닫기도 했죠. 효율성 뒤에는 언제나 '과잉 일반화'라는 위험이 도사리고 있다는 걸, 매번 조금씩 배우고 있습니다.

도든 사람에게 두 가지의 학습이 있지는 않겠죠. 누군가는 그저 배움의 즐거움으로 학습하고, 누군가는 꼭 해야 하는 뭔가를 위해서 쌓아나갑니다. 누군가는 세 가지 방식으로, 또 다른 누군가는 열 가지 방식으로 배우기도 하고, 단 한 가지 방식만으로 학습하는 사람도 있습니다. 중요한 것은 각각의 방식이 어떤 상황에서 나를 이 세상에서 나답게 살아가게 하고, 공부가 어떻게 우리 인생을 해결하는 데 새로운 방법을 제시하는지를 이해하는 것입니다. 적어도 공부의 이유와 방법을 몇 개 알아두면, 변화가 다가올 때와 문제가 닥쳐올 때 각각 어떤 태도로 학습해야 하는지 판단할 수 있을 것입니다.

thinking loop

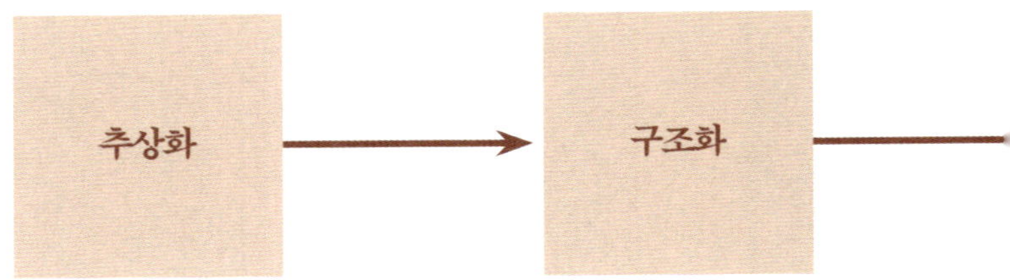

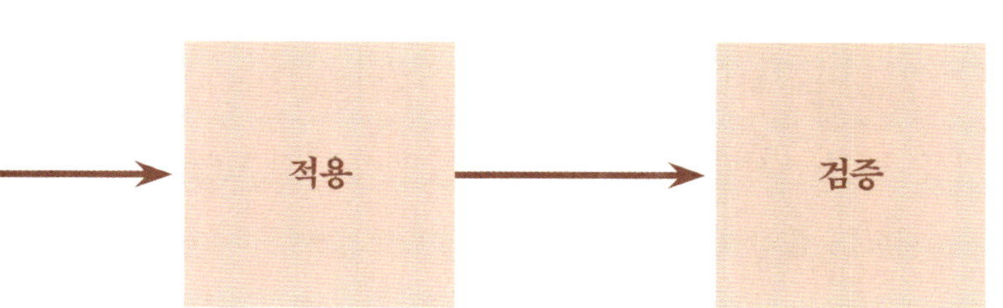

적용
검증

배움의 기술 너머에 있는 것들

나와 같은 사람에게는 공부, 배움, 학습의 '순간'이 내게 다가오는 것이 유난히 중요합니다. 돌아보면 나는 뭔가 낯설고 힘겨운 것을 처음 마주했을 때, 대단한 각오나 계획을 세우기보다는 그냥 '어? 할 수 있겠네', '재미있겠는데', '다 하면 엄청 멋지겠어'라는 생각이 앞서는 사람이었습니다.

1995년에 학교 BBS에서 "페인트샵으로 아이콘을 만들 수 있는 사람"을 찾는다는 글이 올라온 걸 봤어요. 대학도 졸업 안 한 과거의 나는 "포토샵으로 하면 안 되나요?"라며 '웹디자인'이라는 걸 시작했습니다. 당시엔 '웹디자인'이라는 말조차 낯설었고, 디자인이 무엇을 의미하는지 누구도 정확히 정의하지 못했습니다. 그저 누군가 먼저 손을 대고, 만지고, 만들어보는 수밖에 없었습니다. 디자인이 정의되기 전의 디자인. 나는 그 시대에 처음으로 그것에 손을 댄 사람 중 하나였습니다.

지금 와서 생각해보면, 그건 실력이나 학습 능력, 또는 전문성 때문이 아니었습니다. 호기심과 실행력 그리고 뒤를 (너무) 돌아보지 않는 태도 덕분이었습니다. 할 수 있을 것 같다는 감각이 들면 우선 손부터 움직였고, 실패해도 금세 다음으로 넘어갔습니다. 그 웹 디자인 경험이 학교에서 배운 UX 이론과 접목되면서 알게 모르게 초기 UX 디자인의 기본 뼈대를 만드는 데 기여하게 된 것입니다. '시대가 만들어준 경험'이었지만, 시대는 계속되고, 그에 맞는 경험도 계속됩니다. 잡으려는 마음이 있는 사람들에게 잡히는 것이 경험이죠.

배움의 기술 너머에 있는 배움을 조금 더 내 것으로 만드는 데는 긍정적인 태도가 매우 중요합니다. 긍정적인 시야를 가진 사람은 단순히 낙관적인 사람이 아닙니다. 어떤 상황에서도 가능성을 찾아내는 마음을 가진 사람이죠. 정답이 아닌 결과에서도 다음을 위한 실마리를 발견하고, 전환의 기회를 읽어내는 힘. 이것이 바로 긍정적인 시야입니다. 세상을 보는 눈이 어두

워지면, 결국 우리가 만드는 결과물도 자기 안에서 갇히게 됩니다.

현실적으로 사람이 항상 긍정적이기는 힘듭니다. 나 역시 마찬가지고, 어떤 사람들에게는 이것이 유독 더 어렵기도 합니다. 중요한 것은 부정적인 감정에 압도당하지 않고, 의식적으로 긍정의 방향으로 관점을 전환하는 '훈련'입니다. 나도 많은 도움을 받았고, 동료들에게도 추천했던 두 가지 방법을 소개합니다.

나의 성공 일지 만들기

우리의 뇌는 실패나 부정적인 경험을 더 크게 기억하는 경향이 있습니다. 여기에 맞서는 가장 좋은 방법은 의식적으로 작은 조각의 성공을 찾아서 인정하고, 그것을 기록하는 것입니다. 큰 성공은 큰 보람을 주지만, 매일매일을 견뎌내는 데는 크게 도움이 되지는 않더라고요.

'오늘 동료에게 내 디자인 의도를 명확하게 설명했다', '개발자와의 논의에서 좋은 해결책을 함께 찾았다', '사용자에게서 긍정적인 피드백 한 줄을 받았다',

'오늘 보고서, 찢었다'와 같은 사소한 성공을 찾고 기록해두세요. 이 기록들은 힘든 순간에 당신이 이미 잘 해내고 있는 사람이라는 객관적인 증거가 되어 부정적인 생각의 고리를 끊어내는 데 도움이 될 것입니다.

나만의 기분 전환 습관 만들기

부정적인 생각에 빠져들 때, 그 감정에서 빠져나올 수 있는 자신만의 방법을 미리 준비해두는 것이 중요합니다. 사람마다 그 방법은 다릅니다. 어떤 사람은 자리에서 일어나 잠시 걷는 것만으로도 기분이 환기되고, 어떤 사람은 좋아하는 음악 한 곡을 듣거나 동료와 짧은 티타임을 갖는 것이 도움이 될 수 있습니다. 시험 전날 유난히 청소가 잘 되긴 하지만, 그런 기분 전환도 30분이나 1시간을 넘어가면 기분 전환이 아니라 먼 길을 떠나는 것이 됩니다.

또한 나는 의도적으로 해야 할 일의 종류를 나누기도 합니다. 전략 문서 만들기, 화면 플로 만들기, 브랜딩 작업, 가이드 작업 등 특정 작업을 하다가 막히면 그것과 가장 다른 작업을 하면서 전환하기도 합니다.

집중력이 떨어지는 시간에는 최대한 가능한 방안을 모아두기만 하고, 판단과 정리를 하지 않고 다음 날 아침에 다시 보면 해결되는 경우도 많아서 요즘도 잘 활용하고 있습니다.

중요한 것은 나에게 가장 잘 맞는 방법을 찾아내고, 부정적인 감정이 들 때마다 의식적으로 그 행동을 실천하는 습관을 만드는 것입니다. 가능한 한 많이 만들어두는 것을 추천합니다. 상황에 따라서 잘 되던 전환이 동작하지 않을 때도 있고, 그럼에도 불구하고 우리는 또 하루를 성공적으로 살아야 하기 때문에 다른 것을 시도해야 하는 경우도 종종 있거든요. (Special Thanks to GD, IVE, BlackPink, BTS 그리고 DAY6)

직업인을 위한 의식적인 학습 훈련

학습은 저절로 이뤄지지 않습니다. 시간이 쌓이면 경험이 되지만, 그 경험을 어떻게 다루느냐에 따라 어떤 사람은 수년을 허비하기도 하고, 어떤 사람은 짧은 시간에도 몇 배의 학습을 이뤄내기도 합니다.

핵심은 의도적으로 훈련하느냐, 그렇지 않느냐에 있습니다. 단언컨대, 그 누구도 좋은 직업인으로 태어나지 않습니다. 성장하는 힘은 타고난 재능이 아니라, 훈련을 통해 쌓아가는 실천에서 비롯됩니다.

일을 하다 보면 누구나 배웁니다. 그러나 일에서 오는 배움은 불규칙하고 편차가 큽니다. 반면 의식적으로 학습을 훈련으로 설계하면, 학습의 밀도를 압축해 훨씬 더 빠르고 깊게 쌓을 수 있습니다.

분석: 데이터를 읽고 패턴을 발견하기

직업인에게 필요한 역량 중 하나는 '근거를 가지고 말하는 힘'입니다. 숫자와 데이터는 이를 가능하게 합니다. 작은 수치라도 직접 모으고 분석해보면, 단순한 느낌이나 감각과 달리 구체적인 패턴이 보입니다.

되도록 다양한 카테고리와 레이어의 데이터를 모읍니다. 그러면 편향을 줄이고, 단순한 숫자 이상의 입체적 패턴을 발견할 수 있습니다. 그래야 분석이 단순한 기록이 아니라, 실제로 문제를 정의하고 해결을 이끄는 힘이 됩니다.

분석은 복잡한 데이터 과학만을 뜻하지 않습니다. 엑셀 한 장, 설문 결과 몇 줄, 간단한 실험 기록에서도 배울 수 있습니다. 핵심은 데이터를 근거로 스스로 질문을 만들고 답을 찾아가는 과정입니다. 이 과정에서 "왜 이런 패턴이 나왔을까?"라는 질문이 생기고, 질문은 다시 학습을 불러옵니다. 감각이 아닌 논리에 기반한 설득력이 바로 여기서 나옵니다.

글쓰기: 생각을 밖으로 꺼내 정리하기

머릿속에서만 맴도는 생각은 늘 흐릿합니다. 글로 써야 비로소 구조가 드러나고, 내가 아는 것과 모르는 것이 분명해집니다. 글쓰기는 자기 성찰이자, 동시에 타인과 연결되는 훈련입니다. 글을 쓰는 습관은 사고의 깊이를 키우고, 자신만의 언어로 세상을 설명할 수 있는 힘을 길러줍니다. 글쓰기는 반드시 거창할 필요도 없습니다. 오늘 일에서 배운 점, 회의에서 놓친 부분, 읽은 책에서 떠오른 생각을 짧게라도 기록하는 것으로 충분합니다. 중요한 것은 생각을 바깥으로 끄집어내어 구조화하는 행위 자체입니다.

회고: 실수와 성공에서 배우기

학습은 성공이나 실패의 총합이 아니라, 그 과정에서 배운 것의 총합입니다. 일이 끝났을 때 그냥 지나가지 말고 반드시 복기하세요. 무엇이 잘됐고, 무엇이 부족했는지 기록하고 돌아보는 습관이 경험의 밀도를 높입니다. 실수는 빨리 잊는 것이 아니라 빨리 배우는 것입니다. 복기를 반복하는 사람은 실패를 흉터로 남기지 않고 근육으로 바꿉니다. 작은 메모, 동료와의 짧은 대화, 혼자 하는 회고 일기도 좋습니다. 중요한 건 경험을 그냥 흘려보내지 않고 붙잡아두는 훈련입니다.

나에게 아카이빙은 유난히 어려운 일입니다. 항상 앞으로 나아가는 것에 골똘하다 보니 돌아보는 시간을 놓치곤 합니다. 그래서 나는 스케줄, 메일, 메모장을 최대한 활용합니다. 다행히 나 같은 사람을 위해서 이런 툴들이 계속 발전되어왔고, 나는 능력의 부족함을 이런 도구들로 메꾸는 방법을 찾아온 것입니다. 그 순간에는 단순한 일정 관리나 사소한 노트처럼 보이지만 시간이 지나 돌아보면 그 안에 내가 어떻게 일했고, 어떤 실수를 했으며, 무엇을 성취했는지에 대한 정보가 고스란히 담겨 있습니다.

피드백과 멘토링: 질문을 통해 시야 넓히기

모든 배움은 질문에서 시작됩니다. 좋은 질문은 상대의 전문성을 끌어내고, 동시에 나의 시야를 넓힙니다. 그래서 피드백을 구하는 태도는 학습의 핵심입니다. "내가 뭘 잘했나요?"보다 "내가 놓친 건 무엇인가요?"라는 질문이 더 많은 것을 끌어냅니다.

멘토나 동료는 내게 없는 시각을 줍니다. 중요한 건 피드백을 방어하지 않고 받아들이는 태도입니다. 피드백은 비판이 아니라 학습의 재료라는 사실을 기억해야 합니다.

의도적인 노출: 낯선 환경 속으로 들어가기

학습은 편한 자리에서 일어나지 않습니다. 낯선 프로젝트, 새로운 분야, 익숙하지 않은 사람들과의 협업이 때로는 가장 큰 배움을 줍니다. 일부러라도 자신을 낯선 환경에 노출하는 태도가 필요합니다. 불편함은 학습의 출발점이기 때문입니다. 새로운 언어를 배우거나, 다른 업계 사람들과 네트워킹하거나, 전혀 모르는 분야의 책을 읽는 것도 방법입니다. 의도적으로 낯섦을 선택할 때 우리는 스스로 학습의 속도를 끌어올립니다.

사이드 프로젝트: 작은 실험으로 속도 높이기

본업은 언제나 제약이 많습니다. 리소스, 일정, 역할의 한계 때문에 배우고 싶어도 마음대로 배우기 어렵습니다. 그래서 사이드 프로젝트는 학습의 안전한 실험장이 됩니다. 작고 단순해도 괜찮습니다. 스스로 문제를 정의하고, 주제를 정하고, 결과를 만들어내는 과정 자체가 본업에서 얻지 못하는 배움을 줍니다. 완벽을 목표로 할 필요도 없습니다. 시작과 끝을 경험하는 것만으로도 훌륭한 훈련이 됩니다. 사이드 프로젝트는 작은 실패를 통해 복구력을 기르고, 동시에 빠른 실험을 통해 성취감을 줍니다. '작게라도' '내 힘으로' '끝까지 해본 경험'은 생각보다 큰 자신감을 만들어줍니다.

바로잡기 위한 나만의 플로 차트

디자이너로, 그것도 UX 디자이너, 프로덕트 디자이너, 브랜드 디자이너로 30년을 일한 내게는 뉴런과 근육에 아로새겨진 직업병이 몇 개 있음을 고백합니다.

마트에 장 보러 갈 때 리스트는 나만 정리할 수 있는데, 그것은 리스트의 순서가 마트의 동선과 일치해야 하기 때문입니다. 내가 다니는 코스트코는 잡화 → 실온 과일 및 채소 → 냉장 과일 및 채소 → 냉장 육류 및 어류 → 유제품 → 생필품 → 냉동식품 → 곡류 및 소스류 → 영양제 → 스낵 순서로 동선이 설계되었는데, 나의 장보기 리스트 순서는 정확하게 이 순서를 따라갑니다. 한 손에는 카트를, 다른 손에는 '마트용 유저 플로 차트'를 쥐고 다니는 셈입니다. 이미 머릿속에 완성된 IA Information Architecture(정보 구조)를 따라가면 최단 경로로 움직일 수 있고, 중간에 뭔가 빼먹어서 다시 돌아가는 오류도 발생하지 않습니다. 장보기라는 반복 작업조차 '최소한의 리소스로 최대 효율을 내는 사용자 여정 설계'로 자동 변환되는 순간입니다.

프렌치도어 냉장고는 나의 레이아웃 본능을 일깨웁니다. 양쪽 문을 열면 나는 곧장 그 안을 와이어프레임으로 구성합니다. 왼쪽 문 칸은 소스류와 음료, 오른쪽은 양념장과 소용량 아이템. 중앙 칸은 밀도 높은 레이아웃, 김치통과 반찬통은 그리드 맞춰 배치. 하지만 프렌치도어 냉장고의 핵심은 '서랍식' 냉동실입니다. 나의 친구들은 검정 비닐봉지 밑에 깔린 것들은 100년이 지나도 계속 그 자리에 있다고 푸념합니다.

이 상황에서 핵심은 '위에서 모든 내용물을 볼 수 있게'입니다. 원래의 포장지 또는 투명한 지퍼락을 사용해서 어떤 내용물이 있는지 정확히 알아볼 수 있게 '세워서' 상하 레이어가 생기지 않게 하는 것이죠. 냉동실에서는 보이는 게 존재하는 것이라는 매우 명확한 원리가 있거든요. 그러고 나서 냉장실과 유사하게 그룹핑과 클러스터링을 통해 체계를 유지합니다. (나의 아침 루틴 중 하나는 하루 동안 가족들이 엉클어놓은 이 레이아웃을 다시 원래의 레이아웃으로 돌려놓는 일입니다. 시스템 유지·운영Ops이죠.)

원래의 포장지를 최대한 활용하는 이유도 있습니

다. 기억하고 기록하는 것을 최대한 위임하는 나만의 정보 아카이빙 방법 중 하나죠.

디자이너 사이에 유행했던 게임이 있는데, 글자의 자간Kerning을 맞추는 것입니다. 한글과 달리 알파벳은 글자를 일정한 간격으로 띄우면, 글자의 모양에 따라 시각적으로는 간격이 달라 보입니다. 예를 들어, A와 V는 서로 비스듬히 기울어져 있어서 같은 간격으로 띄우면 오히려 벌어져 보입니다. 그래서 글자의 형태에 따라 여백을 미세하게 다르게 조정해야 전체 문장이 균형 있어 보이죠. 100점 맞았습니다. 그 순간의 쾌감은 단순히 게임에서 이겼다는 기쁨을 넘어 세상의 흐트러진 여백을 바로잡았다는 아주 작은 정의 구현이자 직업병의 승리였습니다.

01. 질서가 주는 자유로움

질서는 자유의 반대말처럼 느껴집니다. 규칙은 지루하고 딱딱하며, 틀은 움직임을 제한한다고 생각하게 됩니다. 하지만 질서는 혼란을 잠재우고, 안심하게 만들고, 해야 하는 일에 집중하게 해줍니다. 오히려 더 과감하게 변형할 수 있고, 예상치 못한 자유를 누릴 수 있습니다.

나는 항상 디자인의 첫 원칙으로 무심한 질서를 만드는 것을 택합니다. 정보와 구조를 단순하게 정리하는 것은 그 시작이라고 할 수 있습니다. "서로 연관된 내용은 가까이 두고, 서로 내용이 중복되지 않으며, 전체를 빠짐없이 포함하면서 MECE Mutually Exclusive, Collectively Exhaustive 하고, 같을 수 있는 것은 같게, 달라야 하는 것은 명확하게 다르게 한다." 이런 것들이 내가 무심한 질서를 만들기 위해서 사용하는 방법입니다.

드러나지 않게 단단히 받쳐주는 바탕을 만드는 일

은 생각보다 쉽지 않은 일입니다. 질서는 눈에 곧바로 드러나지 않기 때문에 오히려 더 많은 집중과 계산을 요구합니다. 아무 일도 하지 않은 듯 자연스럽게 보이려면 사실 수많은 것을 버리고 간격 하나, 색 하나까지 끝없이 조율해야 합니다. 때로는 드러내고 싶은 욕망을 억누르고, 차별화하고 싶은 마음을 견뎌내야만 비로소 무심한 질서가 완성됩니다.

그리드와 오토레이아웃을 쓰라는 잔소리는 그래서 더 집요합니다. 무심한 질서를 만들기 위한 가장 좋은 방법이기 때문입니다. 그리드 시스템이나 오토레이아웃 같은 보이지 않는 틀이 없었다면, 우리는 매번 화면을 다시 맞추고 균형을 다시 세우느라 발목이 잡혔을 것입니다.

내가 디자이너들에게 자주 예를 드는 것 중 하나는 타이틀의 사용법입니다. 많은 경우 타이틀에 굵고 큰 글씨를 사용하는 경우가 많습니다. 하지만 지금 보여주고 싶은 것이 '일시'라는 말인지, '2025년 10월 2일'이라는 날짜 그 자체인지를 생각해보면 나에게는

일시 2025년 10월 2일
장소 어느 도서 어느 건물 어느 곳

일시 2025년 10월 2일
장소 어느 도서 어느 건물 어느 곳

일시 2025년 10월 2일
장소 어느 도서 어느 건물 어느 곳

**어떤 내용을 전달하고 싶은지에 따라
보여주는 형태가 달라야 합니다.**

늘 후자가 더 중요하다고 생각합니다. 겉으로 세련되어 보이는 것보다 읽는 사람이 곧바로 이해할 수 있는 단정한 질서가 더 가치 있다고 믿기 때문입니다. 그래서 대부분의 디자이너가 두 번째로 디자인하지만, 나는 꼭 세 번째로 수정하게 하곤 합니다.

그렇게 단단하고 무심한 질서를 만들고 나면, 무엇을 드러내고 무엇을 감출지 결정해야 합니다. 이 또한 끊임없는 판단의 연속입니다. 되도록 한 페이지, 한 화면에는 강조할 '한 개'만 정하자고 합니다. 여러 개를 잘 조정하는 방법도 있긴 하지만, 디자인 경험이 많지 않거나 평소에 자주 생각하지 않는 분들은 그 '조정'의 미묘함을 찾아내기 어렵기 때문입니다.

그렇게 단단하고 무심한 질서를 세워두면, 그 위에서 비로소 자유로워질 수 있는 가능성이 생깁니다. 질서는 자유를 막는 벽이 아니라, 오히려 자유를 지탱하는 바탕이 됩니다. 무엇을 드러내고 무엇을 감출지, 어디에 시선을 머물게 할지에 대한 수많은 선택도 결국 이 질서 위에서만 의미를 가집니다. 디자인은 결국 눈에 잘 보이지 않는 무심한 질서와 그 위에 얹히는 작은 자유들의 균형에서 시작됩니다. 나는 늘 그 균형을 찾아가는 과정에서 질서가 주는 자유로움을 다시 확인하곤 합니다.

좋은 디자인은 질서를 세우면서도 차갑게 배열하지 않습니다. 정리되고, 중심이 명확하게 드러나면서도 리듬이 고려된 화면은 눈이 자연스럽게 길을 찾게 하고, 마음이 그 질서를 받아들이도록 합니다. 겉으로는 딱딱한 규칙 같아 보여도, 그 속을 들여다보면 사람을 해방시키는 힘이 숨어 있습니다. 디자인의 매혹은 여기서 시작됩니다.

런던 지하철의 역사적 지도들

(위)20세기 초까지 사용된 초기 런던 지하철 지도. 런던의 실제 지형에 기반해 노선을 그렸으며, 복잡하고 읽기 어려웠습니다.
(아래)1933년 해리 벡이 디자인한 런던 지하철 지도. 지리적 정확성 대신 노선과 환승역의 연결성을 강조한 혁신적인 디자인. 이 지도는 곧바로 대중의 인정을 받았으며, 현재 런던 지하철 지도의 기본적인 디자인으로 자리 잡았습니다.

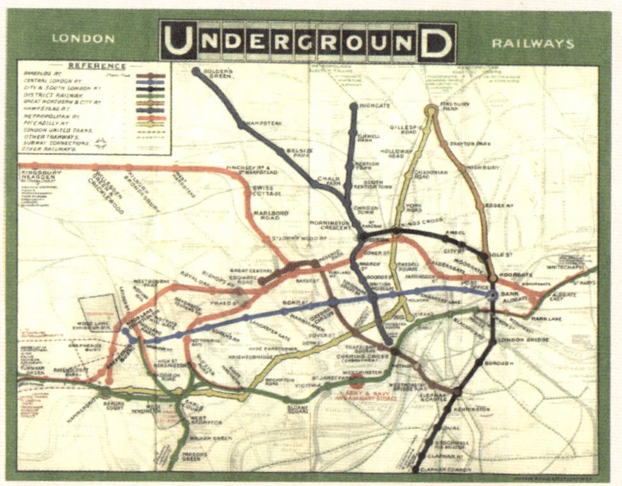

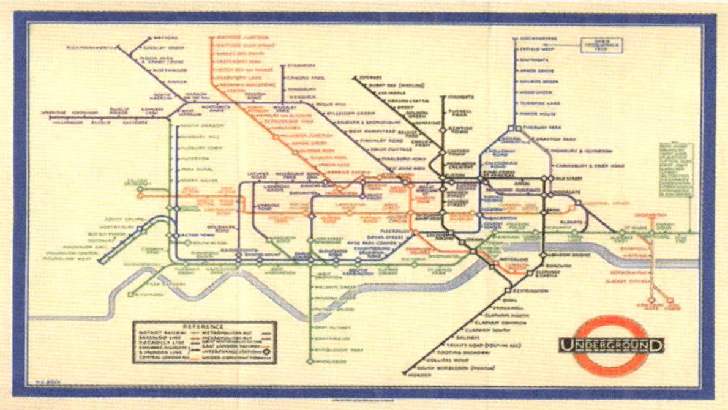

Chapter 2.

일의 구조를 설계하다

원툴의 종말

예전에는 전문적인 한두 가지 툴만 잘 다뤄도 충분히 전문가로 인정받았습니다. 그 깊이가 다른 사람들과의 협업 속에서 빛을 발했고, 오히려 여러 가지를 두루 아는 것보다 하나를 끝까지 파고드는 사람이 더 가치 있게 여겨졌습니다. 하지만 지금은 조금 달라졌습니다. 단순히 하나의 툴에 능숙한 것만으로는 부족합니다. 내가 잘하는 툴이 어떤 맥락에서 쓰이는지, 다른 도구와는 어떻게 다르고 어떻게 연결될 수 있는지까지 이해해야 합니다. 그래야 내가 가진 깊이가 더 크게 작동하고, 협업 속에서도 진짜 힘을 발휘할 수 있습니다.

'원툴one-tool'이라는 말은 원래 게임에서 나온 표현입니다. 특정 캐릭터나 무기를 하나만 집중적으로 쓰는 사람을 가리켜 '원툴러one-tool user'라고 부른 데서 비롯되었죠. 점차 넓게 쓰이면서 어떤 영역에서든 한 가지 도구·방법·기술만으로 문제를 해결하려는 태도를 가리키는 말이 되었습니다. 포토샵 원툴, 엑셀 원툴, 파워포인트 원툴… 무슨 뜻인지 금방 감이 오실 겁니다.

원툴에는 양면성이 있습니다. 한편으로는 "저 사람은 이거 하나만큼은 끝내준다"라는 존경 섞인 말이 되기도 하고, 다른 한편으로는 "그거 말고는 못 한다"라는 한계 선언이 되기도 하죠. "망치를 가진 사람은 모든 것을 못으로 본다"라는 말처럼 맥락을 이해하고 조율하는 능력이 없으면 깊은 전문성도 빛을 잃기 때문입니다. 또한 다른 툴을 알아야 지금 쓰는 툴의 진짜 강점을 파악할 수 있거든요.

나는 원래부터 여러 개의 도구를 가지고 있어야 한다는 입장이었습니다. 필요한 순간에 필요한 걸 꺼

내 쓰려면, 최소한 각각의 도구가 무엇을 잘하고 무엇이 약한지를 알아야 합니다. 단순히 '툴이 많으면 좋다'는 의미가 아닙니다. 본질은 '문제 정의 → 설계와 구조화 → 실행 → 시스템화 → 전략과 실험'이라는 전체 사이클을 다룰 수 있느냐는 것이죠. 도구는 그 과정에서 맞는 자리에 놓일 때만 힘을 발휘합니다. 도구가 없어서 전체 사이클을 도는 것이 불가능한 상황은 방지해야 한다는 의미입니다. 특히 AI의 특이점이 온 지금은 특정 툴을 완벽히 다루지 않아도 AI가 그 간극을 메워주면서 평균 이상의 결과물을 낼 수 있는 상황입니다.

문제는 단순히 툴을 얼마나 잘 다루느냐가 아니라, 어떤 문제를 정의하고, 어떤 맥락에서 AI와 툴을 조합해 답을 만들어내느냐로 옮겨가고 있습니다. 일반인은 상상도 못 할 속도로 발전하는 AI로 인해 복잡성이 확대되면서 일상생활과 일에서 문제를 정의하는 방식부터 풀어내는 과정까지 훨씬 다차원적으로 전개되고 있기 때문입니다. 이제는 분석이 약한 디자이너도 AI를 곁에 두면 데이터 해석에 도움을 받을 수 있고,

글쓰기에 자신 없는 엔지니어도 AI를 이용해 메시지를 그조화할 수 있습니다. 다시 말해, AI는 '원툴의 종말'을 앞당기는 동시에, 한 사람을 '멀티플레이어처럼 보이게 만드는' 촉매가 됩니다.

그렇다고 모든 걸 대충 해도 된다는 뜻은 아닙니다. 오히려 진짜 전문적으로 잘하는 부분은 누구보다 더 늘카롭고 깊어야 합니다. AI가 채워주는 건 넓이일 뿐, 깊이는 여전히 사람의 몫이기 때문입니다. 결국 AI 시대에는 잘하는 사람이 더 잘하게 되고, 실력의 차이는 더욱 극명하게 드러납니다.

그리고 이 모든 걸 관통하는 핵심은 결국 "어떻게 풀어 나갈 것인가?"를 알아내는 힘입니다. 문제를 추상화하고, 구조화하고, 필요한 만큼만 배워서 적용하는 능력. AI는 도구일 뿐, 방향을 정해주는 건 여전히 사람의 사고이자 태도입니다.

AI가 만드는 가짜 멀티플레이어

AI는 원툴러를 구제하는 듯 보입니다. 원래라면 도저히 손댈 수 없는 영역에도 AI 덕분에 슬쩍 발을 담그는 게 가능해졌죠. 그림을 못 그려도 그럴듯한 이미지를 뽑아내고, 글을 못 써도 보고서 흉내를 내고, 데이터가 뭔지도 모르면서 분석을 들먹일 수 있습니다. 이런 모습이 얼핏 보면 '만능 플레이어'처럼 보입니다.

이미 수많은 미디어, 강연, 자기계발 콘텐츠에서 "AI가 있으니 너도 전문가처럼 할 수 있다"라며 부추기고 있기도 합니다. 겉보기에 정말 매력적인 메시지입니다. 당장 뭔가 만들어내고, 스스로 전문가로 포장할 수 있으며, 뭐든지 할 수 있어 보입니다. 그런데 그것은 마치 길을 전혀 모른 채 자동차 내비게이션만 믿고 운전하는 것과 똑같습니다.

물론 일상에서는 내비게이션만 믿고 길을 떠날 수 있습니다. 하지만 우리가 가는 길은 내가 해야 하는 어떤 일을 해내기 위한 길이잖아요. 그 길을 모른다는 것은, 내가 갈 곳이 몇 시에 여는지, 내가 만나야 할 혹은 해야 할 일이 가능한 시간인지, 그 일을 하기 위해서는 뭘 준비해야 하는지, 심지어 내비게이션이 고장 나거나 자동차 정비가 필요하다면 어떡해야 하는지, 사고라도 나면 수습할 줄도 모르는 운전자라는 의미입니다. 준비도 없고 대응도 없는 운전자는 결국 길 위에서 멈춰 설 수밖에 없습니다.

자신이 해결하고자 하는 문제의 본질을 모르는 채로 AI의 아웃풋만 빌려 쓰면서 마치 실력 있는 사람처럼 시장에 뛰어들게 되면, 단기적으로는 화려하게 보일 수 있지만 장기적으로는 한계가 드러나게 됩니다. 가짜 멀티플레이어가 위험한 이유는 단순히 깊이가 없어서가 아닙니다. AI가 내놓는 결과물을 검증할 눈이 없기 때문입니다. 문제를 정의할 줄도 모르고, 맥락을 잡을 줄도 모르며, 결과물을 어디에 어떻게 써야 하는지조차 모릅니다.

AI가 내놓은 답을 그대로 들이밀면서 스스로 잘하고 있다고 착각하고 정답이라고 우기게 되면, 결국 이들의 성과는 팀을 흐리고, 협업을 망가뜨리며, 진짜 전문가들의 시간을 잡아먹습니다. 더 심각한 건, 가짜 멀티플레이어가 조직에 퍼지면 '집단적 착각'이 만들어진다는 것입니다. 마치 모두가 잘하고 있는 것처럼 보이지만, 실제로는 아무도 문제의 본질에 다가가지 못합니다. 그 공허한 성과는 결국 더 큰 비용으로 되돌아옵니다. AI로 포장된 껍데기는 짧게는 눈속임이 되지만, 길게는 조직 전체를 좀먹는 독이 됩니다.

또한 어느 시점에서 AI가 한 작업을 내 작업에 끌어와서 써야 하는지에 대한 명확한 가이드가 없으면, AI만으로 최종 퀄리티까지 뽑아내는 일은 더 많은 리소스를 쏟아부어야 가능하거나 혹은 불가능하기까지 하다는 것이 지금의 현실입니다. (미래에는 바뀔 수도 있지만요.)

AI가 아무리 뛰어나도, 최소한의 기준점과 맥락에 대한 이해가 없으면 그것을 '제대로' 쓸 수 없습니다. AI는 도구일 뿐, 방향을 잡아주지 않습니다. 아무런 맥락도 없이 AI가 뱉어낸 결과물만 들고 있으면, 가짜 멀티플레이어라는 환상에 중독될 뿐입니다. 'AI가다 하 줄 거야'라는 착각이야말로 가장 치명적인 위험입니다.

　AI를 앞세운 가짜 멀티플레이어가 되지 않기 위해 해야 할 일은 거창하지 않습니다. 우선 작게라도 직접 해보는 것이 중요합니다. AI가 만들어준 이미지를 실제 문서에 넣어보고, 발표 자료에 붙여보고, 같이 일하는 사람들의 반응까지 확인해봐야 합니다. 글도 마찬가지입니다. 내가 써야 할 이메일이나 보고서에 맞게 고쳐 써보는 경험이 필요합니다. 그래야 '이게 쓸만한 건지, 아직 부족한 건지' 감이 생깁니다.

　일하면서 진행했던 보고 자료, 개발 가이드 등에서 모든 이야기가 애매하게 뭉뚱그려져 있고, 작업 중 나왔던 핵심 포인트가 사라졌던 적이 여러 번 있었습니다. AI를 시켜서 문장을 매끄럽게만 다듬은 결과였습니다. 정작 다음 단계를 위한 핵심이 될 중요한 내용은 다 빠져 있었던 거죠. 결국 다시 자료를 들여다보고, 토론에서 나온 맥락과 결정을 살려서 처음부터 다시 정리해야 했습니다.

AI가 글을 그럴듯하게 만들어주는 건 사실이지만, 무엇이 중요한지 짚어낼 기준은 결국 사람이 세우는 것입니다. 방향과 포인트 없이 맡겨버리면 결과는 언제나 공허합니다. 반대로 맥락과 기준이 분명하면 AI는 아주 훌륭한 손발이 되어줄 수 있습니다.

또 하나는 자기 일과 연결해보는 습관입니다. 남이 잘 써놓은 프롬프트를 베껴서 쓰는 것만으로는 오래 못 갑니다. 지금 내 업무, 내 상황에 어떻게 맞출지 고민해야 진짜 내 것이 됩니다. 예를 들어 데이터를 분석하라고 했을 때 숫자만 던져주는 게 아니라 내가 어떤 결정을 내려야 하는지, 그 과정에 어떤 조건이 있는지까지 함께 넣어야 AI의 답에 의미가 생깁니다.

AI가 다 해줄 거라는 생각은 환상입니다. 하지만 최소한의 기준을 세우고, 내 일과 연결하는 습관을 갖게 되면, 그때부터 AI는 허상이 아니라 실력의 증폭기가 됩니다.

최고의 프롬프트는 결국, '나'다

AI는 원툴러에게 예전처럼 긴 시간을 허락하지 않을 겁니다. 과거에는 하나만 잘해도 충분히 버틸 수 있었지만, 이제는 그 '하나'마저도 AI가 빠르게 대체하고 있습니다. 그래서 원툴러라면 두려워하기보다는 오히려 AI를 적극적으로 받아들이고, 그것을 통해 자신의 영역을 확장해야 합니다. 빠른 시간 안에 스스로를 무장하지 않으면 버티기 힘든 시대가 된 것이죠.

사실, 어떤 의미에서 변화는 이미 시작되었을지도 모릅니다. 미국 IT 업계에서 불과 몇 달 사이에 일어난 대규모 개발자 해고가 그 단적인 예입니다. 많은 회사가 'AI가 이 역할을 대신할 수 있다'고 판단했고, 그것이 곧 현실이 되었습니다. 하지만 동시에 이것은 위기이자 기회입니다. 지금 AI를 도구 삼아 자기 방식으로 흡수하고 활용하는 사람은 그 누구보다 빠르게 다음 시대의 경쟁력을 갖출 수 있습니다. 결국 AI는 누군가를 밀어내기 위해서가 아니라, 우리에게 새로운 가능성을 열어주기 위해 온 것일지도 모릅니다.

한 분야에서 제대로인 전문가에게는 AI가 진짜 멀티플레이어로 가는 징검다리가 될 수 있습니다. 본질은 똑같습니다.

"문제를 정의할 줄 아는가?"
"구조를 볼 줄 아는가?"
그리고 "맥락 속에서 답을 고를 줄 아는가?"

이 세 가지가 뒷받침된다면 AI는 단순한 보조 도구가 아니라 원툴러의 한계를 깨뜨리는 무기가 됩니다. 원툴러가 자신이 가장 잘하는 영역을 중심에 두고 AI를 곁들인다면 상황은 완전히 달라집니다. 내가 잘하는 툴을 기준으로 다른 부족한 영역들을 AI로 연결하면, 깊이와 넓이를 동시에 확보할 수 있습니다.

진짜 멀티플레이어는 AI를 그저 겉모습을 꾸미는 데 쓰는 것이 아니라, 자신의 본질적인 강점을 확장하는 데 활용함으로써 만들어집니다. 원툴러가 AI와 함께라면 한순간에 협업의 판을 넓히고, 누구보다 날카롭고 깊이 있는 전문가로 자리 잡을 수 있습니다. 결국

AI는 독이 될 수도 있지만, 방향을 잡는 사람에겐 약이 됩니다.

　그렇다면 이미 여러 도구를 다룰 줄 아는 사람, 즉 멀티툴러는 안심할 수 있을까요? 꼭 그렇지는 않습니다. AI는 멀티툴러의 강점 또한 빠르게 따라잡습니다. 여러 영역을 두루 다루는 '넓이'는 AI가 가장 잘 보완하는 부분이기 때문입니다. 멀티툴러가 살아남으려면 도구를 여러 개 다룬다는 사실 그 자체가 아니라, 그 도구들을 연결하고, 조율하고, 새로운 문제에 맞게 '의미 있게' 적용하는 능력을 보여줘야 합니다. 그렇지 않으면 '두루 얕은' 사람은 AI와의 경쟁에서 더 빠르게 밀려날 수 있습니다.

　AI 시대에 중요한 것은 "AI를 쓰면 전문가처럼 보인다"가 아니라, "AI가 주는 것도 올바르게 걸러내고 맥락이 맞게 쓰는 사람", "적어도 내가 원하는 것을 못하지 않는 사람"이 되는 것입니다. AI는 (적어도 현재는) 하나의 도구일 뿐입니다. 점점 그 도구 자체를 자기 실력이라고 착각하지 않고 충분히 활용할 수 있다면, AI는 당신을 일시적으로 화려하게 보이게 만드는 수준에서 그치지 않도록 할 것입니다.

얕은 사람은 더 얕아지고
깊은 사람은 더 깊어진다

AI 시대의 냉정한 현실은 똑같이 AI를 써도 결과의 격차가 줄어들지 않는다는 점입니다. 오히려 격차는 더 벌어집니다. 지금 이 순간에도 벌어지는 격차를 눈으로 보고 있습니다. AI를 써서 생산성을 더 내고 더 좋은 결과물을 내는 사람이 있는가 하면, 갈 길이 너무 멀기 때문에 방향을 잃고 두리번거리는 사람도 있네요.

AI는 얕은 지식을 가진 사람을 구제해주지 않습니다. 처음엔 다 비슷한 결과를 낼 수 있습니다. 모두에게 공평하게 처음이니까요. 하지만 맥락을 읽어내는 힘, 결과를 검증하는 눈, 문제를 다시 정의하는 사고가 없다면 금세 한계에 다다르게 됩니다. 도구가 대신해주는 만큼 사고의 근육은 약해지고, 결국 더 얕아집니다.

반대로 깊이를 가진 사람에게 AI는 증폭기가 됩니다. 이미 쌓아온 기준과 감각이 있기 때문에 AI가 내놓는 결과를 제대로 걸러내고, 적재적소에 활용할 수 있습니다. 반복적인 작업이 줄어든 자리에 더 많은 탐구와 실험을 채울 수 있고, 그 과정에서 깊이는 더 깊어집니다. 이 속도는 점점 빨라질 겁니다. 빨리 올라타지 않으면, 돌이킬 수 없을 정도로 멀어져버릴 수 있습니다.

결국 빈익빈 부익부처럼, 얕은 자는 더 얕아지고 깊은 자는 더 깊어집니다. 그러나 이 불평등이 꼭 절망적인 것만은 아닙니다. 지금이라도 작은 기준을 세우고, 자기 일을 직접 연결해보려는 노력을 빠르게 시작한다면 누구든 깊어질 수 있기 때문입니다. (중요한 건 속도가 아니라 방향이라지만, 이제는 방향만큼 속도도 중요합니다.) 얕게 보이던 사람도 빠르게 방향을 잡으면 깊어질 수 있고, AI는 그 길에서 분명 든든한 동반자가 되어줄 수 있습니다.

AI를 '일을 위한 도구'로 대하는 만큼 '학습을 위한 도구'로도 활용하세요. AI의 결과물을 검증하는 방법을 계속 찾아내서 빠르게 만들어진 결과를 검증할 수 있는 방법을 많이 만들어두는 것을 추천합니다.

추상화와 구조화가 만들어내는
AI 시대의 문제 해결력

홍수처럼 쏟아지는 AI를 대하는 사람들의 반응은 다양합니다. 흥분하며 앞장서는 사람도 있고, 불안해하는 사람도 있으며, 차분히 도구로 받아들이는 사람도 있고, 아예 거부하거나 착각 속에 머무는 사람도 있습니다.

고두가 AI를 앞장서서 써야 할 필요는 없습니다. 인터넷이 처음 등장했을 때, 대부분의 사람은 그저 인터넷을 기반으로 만들어진 기능과 서비스를 활용하며 일상과 일을 바꿔왔습니다. 이처럼 AI가 담긴 많은 서비스와 산업을 편리하게 이용하는 사람들이 대부분이 될 것이라고 생각합니다. 우리 모두가 AI를 직접 만들거나, 일을 하는 데 반드시 활용하면서 사는 사람이 될 필요는 없지 않을까요?

새로운 기술이 등장할 때마다 우리의 생활이 더 편리해진 이면에 일의 성격 자체가 바뀐 산업들도 있습니다. 말이 교통의 중심이던 시절에는 말의 배설물을 치우는 일이 중요한 직업이었지만, 자동차가 등장하면서 그 일은 순식간에 사라졌습니다. 또 자전거가 주요 이동 수단이던 시절에는 모자가 먼지와 바람을 막고 머리를 고정하는 실용적인 장치였지만, 자동차가 대중화되면서 그 필요는 사라졌습니다. 모자는 필수품에서 단순한 패션 소품으로 바뀌었고, 결국 산업 전체가 급격히 줄어들었습니다.

역사 속 몇몇 새로운 기술의 등장이 미친 사회적 영향을 떠올려보면, AI도 마찬가지입니다. AI가 직접 내 일을 대체하지 않더라도, 그것의 등장은 내가 하던 일을 어떤 의미로 만들어낼지, 앞으로 어떤 가치와 어떤 방식으로 이어가야 할지를 묻게 합니다. 그래서 지금 중요한 것은 "AI를 쓸 줄 아는가?"가 아니라, "AI가 불러올 변화 속에서 내 일은 어떤 의미를 가질 것인가?"를 깊이 고민하는 일입니다.

AI가 우리에게 던지는 진짜 질문은 "무엇을 어떻게 할 것인가?"입니다. 단순히 도구를 쓸 줄 아는지를 넘어 문제를 정의하고 맥락을 이해하며, 본질을 뽑아내고 연결할 줄 아는 힘이 필요합니다. 여기서 중요한 것이 바로 추상화와 구조화입니다. 수많은 정보와 도구가 쏟아지는 시대일수록 불필요한 것을 솎아내고 본질을 붙잡는 추상화, 그리고 그것을 다른 지식과 경험, 맥락과 연결하는 구조화가 필수적입니다. 이 능력이 없는 사람은 AI가 내놓은 답에 붙잡혀 흔들리지만, 이 능력이 있는 사람은 AI를 진짜 자기 도구로 만들 수 있습니다.

나는 30년간 일을 했지만 아직도 키보드 자판을 외우지 못하는, 소위 독수리 타법의 소유자입니다. 몇 타를 치는지가 업무 능력의 기본이자 경쟁력이었던 시절이 있었습니다. 자판을 외우고, 타수를 늘리고, 얼마나 빨리 정확하게 치느냐가 곧 생산성을 보여주는 지표였죠. 그래픽 툴의 단축키도 정말 기본적인 것들만 알고 있을 뿐입니다. 그렇다고 해서 이런 것들 때문에 업무 능력을 평가받을 때 불리했던 적은 단 한 번도 없었습니다. 지금은 그 일들이 그렇게 중요하게 생각되지도 않고요. 이미 이 상황을 예측하고 파악하여 의도적으로 '안' 한 것은 아니었습니다. 그저 툴에 익숙해질 시간을 내지 못하고 해결하고 싶은 것들이 먼저 떠올랐다고 기억됩니다.

지금의 '프롬프트 쓰는 법'에 대해 나오는 여러 가지 방법이 마치 AI를 대하는 태도의 본질이 되는 것처럼 이야기되는 것이, 나에게는 키보드 자판 외우는 것과 비슷하게 느껴집니다. 한두 번 만에 원하는 결과를 얻는 데 도움이 되는 팁은 될 수 있겠지만, AI 자체가 본래 '자연어 처리'를 목적으로 하고 있기에 그것이 오래 지속될 본질은 아닐 거라고 생각되거든요. 중요한 것은 손의 속도가 아니라, "문제를 어떻게 정의하고 풀어가는가?"일 겁니다.

AI는 답을 제시해줄 수 있지만, 어떤 질문을 던져야 하는지, 무엇이 진짜 문제인지를 대신 정해주지 않습니다. 문제를 잘못 정의하면, 아무리 빠른 답도 엉뚱한 결과가 될 뿐입니다. 결국 차이를 만드는 건 문제를 푸는 법을 아는 힘입니다.

여기서 핵심이 되는 것이 복잡한 현실 속에서 본질과 거품을 가려내는 과정인 추상화와 그렇게 솎아낸 본질을 내가 가진 경험, 지식, 데이터와 연결해 하나의 흐름으로 정리하는 구조화입니다. AI 시대에도 이 원리는 달라지지 않습니다. 오히려 더 중요해졌습니다. AI는 정보를 정리해주고 답을 생성해주지만, 그것을 어디에 써야 하는지, 무엇을 위한 답인지는 사람이 결정해야 합니다. 질문이 명확하고 구조가 살아 있는 사람은 AI를 통해 훨씬 빠르고 넓게 확장할 수 있습니다. 반대로 문제 정의도 못 하고 구조도 없는 사람은 AI의 답을 들고도 방향을 잃고 맙니다.

결국 AI와 함께 문제를 푸는 법은 기술의 문제가 아니라 사고의 문제입니다. 추상화와 구조화라는 회로가 있을 때, AI는 도구로써 진짜 힘을 발휘합니다. 문제를 푸는 법을 아는 힘, 그것이야말로 AI 시대를 살아가는 데 가장 큰 경쟁력입니다.

문제를 어떻게 풀어낼 것인가?

문제를 어떻게 정의하고 풀어낼 것인가?

02. 흐르는 시간의 자리

UX 디자인은 다양한 디자인 분야 중에서도 시간을 직접 다루면서 움직임과 행동을 만들어내는 독특한 디자인 분야입니다. 건축은 맥락과 리듬으로, 서비스는 단계와 과정으로, 제품은 기계적 프로세스로 시간의 축을 고려한다면 UX 디자인에서 시간은 단순한 배경이 아니라 디자인의 본질이 됩니다. 사용자의 행동이 곧바로 결과를 '움직임'으로 돌려받는 구조이기 때문입니다. 화면, 버튼, 제스처에 반응하는 찰나 단위의 행동과 시간을 즉각적이고 직접적인 움직임으로 설계하는 과정인 것이죠.

사용자의 시간은 화면 위의 작은 상태 변화에도 크게 영향을 받습니다. 예를 들어 브라우저에서 탭을 정리할 때 여러 탭을 닫아야 한다면, 브라우저에 따라 마우스를 옮기지 않고도 이 행동이 가능하게 설계한 경우가 있습니다. 사용자는 같은 손동작을 연속해서 반복하기만 하면 됩니다.

반대로 어떤 브라우저는 탭이 닫히면서 정렬이 바뀌고, 닫기 버튼의 위치도 이동합니다. 사용자는 매번 마우스를 다시 옮겨야 하고, 이 작은 움직임이 시간을 끊어놓습니다.

이 차이는 몇 초 되지 않는 사소한 일이지만, 경험의 밀도는 완전히 달라집니다. 전자의 경우 사용자는 '매끄럽다', '빠르다'라는 인상을 받지만, 후자의 경우에는 불필요한 지연과 번거로움을 기억하게 됩니다. 결국 사용자의 인상은 '기능이 있느냐 없느냐'가 아니라, '시간이 어떻게 이어지느냐'에 의해 결정되기도 합니다.

시스템이 어떤 순서와 흐름으로 반응하는지가 그대로 경험이 됩니다. '한 동작 뒤에 어떤 상태가 바로 이어지는가?' '이전 단계와 다음 단계가 어떻게 연결되는가?'를 매끄럽게 이어주는 일은 눈에 잘 띄지 않지만, 사용자의 시간을 토막 내지 않고 '이어주는' 중요한 장치가 됩니다. 사소해 보이는 그 순간들이 모여

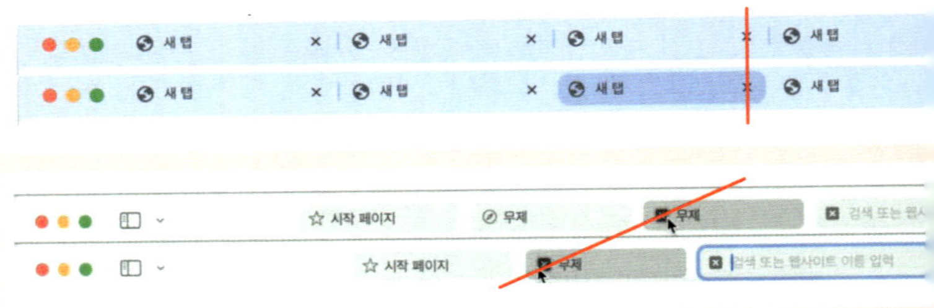

크롬(위)과 사파리(아래)의 탭 디자인(2025년 10월 현재)

전체 경험의 시간감을 결정하기 때문입니다. 사용자는 "빨리 된다"라거나 "매끄럽다"라는 추상적 평가를 내리지만, 그 뒷면에는 이처럼 작은 시간 단위의 설계가 숨어 있습니다.

UX에서 사용자의 시간을 가로막는 대표적인 사례는 '화면의 전환', '사용자의 입력', '선택의 순간' 등입니다. 각 사항은 조금씩 다른 이유로 사용자의 시간을 가로막습니다.

이름, 이메일, 주소, 비밀번호 같은 것들. 화면 앞에 앉은 사람에게는 단 몇 줄일지 몰라도, 실제로는 행동의 흐름을 끊어버리는 가장 큰 벽이 됩니다. '이 정

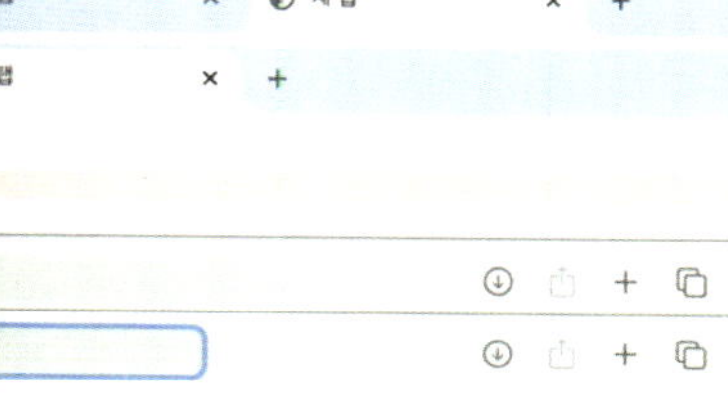

보는 왜 받는 걸까?' '내 정보를 털어가는 건 아닐까?' '이건 뭐라고 써야 하지?' 이미 알고 있는 정보든, 생각해서 적어야 하는 정보든 시간의 흐름을 미세하거나 혹은 노골적으로 끊어내게 됩니다.

그래서 나는 언제나 '필수는 최소한으로'라는 말을 원칙처럼 붙들고 있습니다. 꼭 필요한 입력만 남기고 나머지는 덜어내야 합니다. 또한 사용자가 길을 잃지 않도록 안내하거나, 납득할 수 있는 이유를 제시하거나, 때로는 제품이 대신 처리해주어야 합니다. 해야 하는 일이 있더라도 그것이 막막하게 느껴지지 않고 환영받는 듯 느껴질 때, 사용자의 시간은 분절이 아니라 자연스럽게 흘러가는 경험이 됩니다.

입력보다 더 은근히 시간을 갉아먹는 것은 선택입니다. 우리는 흔히 사용자를 배려한다는 이유로 여러 선택지를 나열하곤 합니다. 그러나 사용자의 마음속에서는 '이 중에 뭐가 나한테 맞는 걸까?'라는 불안과 망설임이 시작됩니다. 관심 카테고리를 고를 때, 직무 분류를 찾을 때, 결제 수단을 고를 때마다 사용자는 시간을 들여 머뭇거려야 합니다. 친절하다고 내민 옵션이 오히려 시간을 빼앗는 경우가 잦습니다. '뭘 좋아할지 몰라서 다 가져왔어'라는 의도는 취향을 존중하는 좋은 방향일 수 있지만, 사용자가 하고 싶은 일을 수행하기 위해서는 충분한 고민이 들어간 몇 개의 대안이 더 책임감 있는 설계가 되기도 합니다.

여기에 작은 마이크로 인터랙션이 시간을 더 가볍게 합니다. 좀 더 빠르게 다음 행동을 찾을 수 있게 하는 툴 팁이나 버튼 하나가 눌릴 때 미묘하게 반응하고, 선택지가 자연스럽게 강조되며, 잘못된 입력을 했을 때 즉시 고쳐주는 피드백이 있다면 사용자는 망설임 없이 앞으로 나아갈 수 있습니다.

사용자 경험은 단순한 편리함이 아니라, 멈춤과 움직임, 빠름과 느림의 리듬을 만들어내는 일입니다. 디자인은 사람의 시간을 재단하는 기술이 아니라, 시간 속에서 호흡을 맞추는 사려 깊은 비서여야 합니다.

사용자 경험은 단순한 편리함이 아니라, 멈춤과 움직임, 빠름과 느림의 리듬을 만들어내는 일입니다. 디자인은 사람의 시간을 재단하는 기술이 아니라, 시

Chapter 3.
생각의 도구를 설계하다

행동을 유도하는 법

목요일이나 금요일에 상암동에 가면 방송국 앞에서 하루 종일 서 있는 사람들의 무리를 볼 수 있습니다. 30도가 훌쩍 넘는 해가 쨍쨍한 날에도, 영하로 한참 내려간 추위에도 아랑곳하지 않습니다. 왜 이러는 걸까요?

그들은 K팝 아티스트들의 팬들입니다. 목요일, 금요일은 방송국에서 음악방송을 하는 날이거든요. 사전 녹화 입장을 위해서, 본방송의 입장을 위해서 하루 종일 기다리는 거예요. 그것만으로도 충분히 놀라운데, 일부 녹화는 팬클럽에서 '선발된' 사람만 들어갈 수 있다고 합니다. 분명 아침에 출근할 때 서 있던 분들이 점심 먹으러 나갔을 때도 그 뙤약볕에 꿈쩍하지 않고 서 있는 것을 보면서 그들의 사랑을 목격하는 것 자체가 뭉클한 경험이 됩니다. 초등학교 때부터 소위 '가요(차마 너무 오래전 일이라 K팝이라고 부르긴 힘드네요. 우선, 팝이 아니거든요)'를 외우면서 보냈고, 여전히 K팝 아티스트들을 애정하는 나에게도 쉽게 할 수 있는 일은 아닙니다.

이렇게 K팝은 팬의 사랑이 행동의 원칙으로 작동하고, 이것이 플랫폼에서 권력이 됩니다. 최애를 응원하기 위해 단합하고, 그들을 위해 모인 자신들에게 특별한 이름을 붙이고, 1위를 만들기 위해 집단행동을 하고, 구매력으로 영향을 행사하죠.

이들을 위한 서비스는 디지털에서도 다른 문법으로 작동합니다. 그들의 사랑을 충분히 표현할 수 있게 해줘야 하고, 그 사랑이 행동으로 이어질 수 있도록 설계해야 합니다. 바로 그 행동이 만들어내는 성취와 몰입이 우리가 고객에게 제공해야 할 진짜 만족이고, 서비스에서 '행동 유도'의 기본 콘셉트가 되죠. 아무리 전문적인 지식이 있어도 이러한 K팝 팬들의 사랑을 이해하지 못하면 K팝 서비스는 만들 수 없습니다.

새로운 도메인에 들어가면 반드시 이런 맥락을 이해해야 합니다. 하지만 나는 함께 일하는 동료들에게 새로운 팀원을 채용할 때 유독 도메인 지식을 고려하지 않는 사람으로 인식됩니다. 도메인 지식이 중요하다고 말하는 입장에서는 이율배반적으로 보일 수 있겠지만, 나는 그것보다 새로운 환경을 기꺼이 배우려는 태도와 가능성을 훨씬 더 중요하게 봅니다.

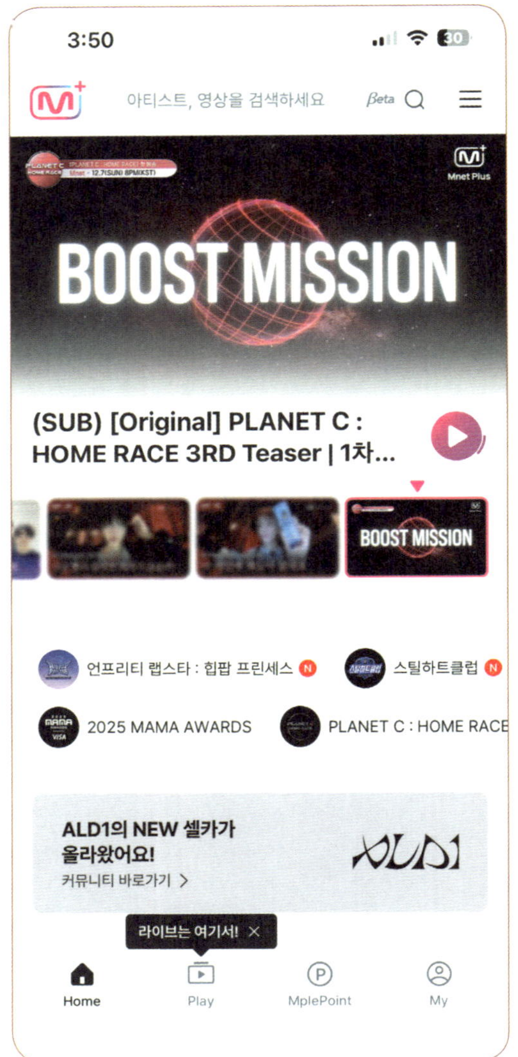
3:50
아티스트, 영상을 검색하세요
βeta
Mnet Plus
BOOST MISSION
(SUB) [Original] PLANET C :
HOME RACE 3RD Teaser | 1차...
BOOST MISSION
언프리티 랩스타 : 힙팝 프린세스
스틸하트클럽
2025 MAMA AWARDS
PLANET C : HOME RACE
ALD1의 NEW 셀카가
올라왔어요!
커뮤니티 바로가기 >
ALD1
라이브는 여기서! ✕
Home
Play
MplePoint
My

보여주는 것과 함께 만드는 것

엠넷플러스는 단순한 시청 서비스에서 벗어나, 팬이 직접 행동하고 참여하며 머무르는 참여형 생태계를 구축하는 방향으로 진화하고 있습니다. 콘텐츠를 바라보는 관점 역시 '보여주는 것'에서 '함께 만드는 것'으로 전환되고 있으며, 플랫폼은 이를 위해 팬덤 구조 전체를 다시 설계하는 방식으로 전략을 확장합니다.

이 플랫폼의 핵심은 팬의 여정을 하나의 폐쇄 루프로 만드는 데 있습니다. 콘텐츠 시청은 참여의 출발점이 되고, 참여는 보상과 연결되며, 보상은 다시 다음 행동을 유도하는 형태로 이어집니다. 사용자는 영상을 보거나 아티스트를 탐색하는 과정에서 자연스럽게 투표, 출석, 포인트 적립, 소통 같은 참여 행동으로 이동합니다. 이 일련의 흐름은 단순히 인터페이스의 편의 기능이 아니라, 팬덤 경제를 중심에 둔 전략적 경험 설계입니다.

이러한 전략은 화면 곳곳에서 경험 중심으로 구체화됩니다. 팬이 '지금 무엇을 할지'를 즉각적으로 판단할 수 있도록 행동 단서를 전면에 배치하고, 감정적 몰입을 높이는 카드형 인터랙션이나 게임화된 보상 구조를 적용합니다. 팬이 머무는 시간, 참여 빈도, 감정적 연결을 장기적으로 강화하는 데 목적을 둡니다. 특히 Z세대가 선호하는 속도감, 명료함, 감정적 피드백을 반영하여 플랫폼 전체가 하나의 리듬을 갖고 움직이도록 설계합니다.

결과적으로 이 플랫폼은 팬을 단순한 콘텐츠 소비자가 아니라, 행동하는 사용자로 정의합니다. 사용자가 행동을 반복할수록 더 많은 보상과 콘텐츠가 연결되며, 참여가 곧 플랫폼 내 영향력과 즐길거리로 환원됩니다. 이는 단순한 UI 개선이 아니라, 팬덤의 구조와 경제적 가치까지 고려한 일종의 경험 전략입니다. 플랫폼은 이러한 구조적 설계를 통해 팬이 깊이 머물고 오래 기여하며, 동시에 더 넓은 대중까지 자연스럽게 유입될 수 있는 생태계를 만들어갑니다.

세계를 기꺼이 받아들일 것

낯설고 생경한 것일 뿐, 몇 달이면 충분히 익힐 수 있는 것이 바로 도메인 지식입니다. 중요한 것은 이 세계를 기꺼이 받아들이고 배우려는 마음입니다. 결국 서비스의 본질은 기술 그 자체가 아니라, 그 세계가 어떻게 움직이는지 이해하려는 태도에서 시작됩니다.

도메인 지식은 언제나 고정된 것이 아니고, 매번 매우 빠르게 변할 수 있기 때문에 오히려 도메인 지식을 업데이트하지 않고 계속 고집한다면 없는 것만 못한 경우도 많습니다. 또한 같은 도메인이라도 회사별로 서로 다른 목적과 상황이 있기 때문에 다르게 적용할 수 있어야 합니다. 그렇기에 나는 도메인 지식 그 자체보다도 변화에 맞춰 배우고 다시 구조화할 수 있는 태도를 더 중요하게 생각합니다.

실제로 교육학에서도 '런Learn'보다 '언런Unlearn'이 훨씬 어렵다고 말합니다. 이미 익숙해진 것(런)을 내려놓고 다시 배운다는 건(언런) 단순한 기술 습득이 아니라 태도의 문제이기 때문입니다.

나에게도 도메인의 작동 방식을 제대로 이해하지 못했던 흑역사가 있습니다. 핀테크 서비스를 만들 때, 단순한 대출 비교 화면에서 벗어나 재방문율을 높여보 겠다고 홈 화면을 따로 꾸미고 금융 관련 정보도 풍성하게 채워 넣었습니다. 일반적인 UX와 프로덕트의 문법으로는 명확하게 맞는 방향이었습니다.

결과는 참담했습니다. 데이터가 곤두박질쳤습니다. 홈 화면도 추락, 대출 중계 건수도 추락, 야심 차게 설계한 금융 정보 영역도 추락. 모두 다 추락했습니다. 결국 사용자가 원한 건 '다양한 정보'가 아니라, 빠르고 확실한 비교였다는 사실을 뼈저리게 배웠습니다. 결국 일주일 만에 눈물을 머금고 이전 버전으로 롤백했습니다.

고객 데이터를 확인하고, 몇 달간의 개편을 단숨에 뒤집는 용기를 가진 회사였기에 다행히 이 흑역사는 일주일 만에 빠르게 덮었습니다. 작게, 빠르게 실패할 수 있었기 때문에 우리는 값비싼 수업료 대신, 아주 실감 나는 교훈을 영혼에 아로새길 수 있었습니다.

직업인이 새로운 도메인에 들어가는 일은 이직이나 다른 업무로의 전환 등 본인의 의도에 따른 변화만을 의미하지는 않습니다. 팀의 이동, 조직의 변화, 새로운 업무 트렌드, 새 툴의 도입 등 삶의 주기마다 되풀이되는 평범한 현실입니다. 익숙한 지식과 습관을 움켜쥔 채 '원래 하던 대로'를 반복하는 사람은 순식간에 뒤처집니다. 반대로 기꺼이 배우려는 태도로 뛰어드는 사람은 금세 새로운 흐름을 자기 것으로 만듭니다. 그래서 중요한 것은 도메인 지식 자체가 아니라, 언제든 새 판을 맞이했을 때 배우고 다시 구조화할 수 있는 마음가짐입니다.

'나는 이미 안다'라는 착각을 버리고, '나는 언제든 다시 배울 수 있다'라는 태도가 중요합니다. 도메인 지식은 언제든 바뀌고, 기술은 끊임없이 진화하며, 고객은 늘 새로운 방식으로 반응합니다. 그렇다면 우리가 붙잡아야 할 건 '이미 가진 지식'이 아니라, '기꺼이 배우려는 마음'입니다. 실패는 피할 수 없지만, 배우려는 마음이 있다면 실패조차 성장의 발판이 됩니다.

예전에, 두 개의 기능 콘셉트 때문에 깊은 고민으로 괴로워하는 팀과 회의하면서 이렇게 얘기했습니다.

"고민하면 정답을 알 수 있을 거라는 착각은 버리자. 고민하지 말고, 실험해보자. 우리는 우리 고객을 알고 싶어 하지만, 다 알 수 없다. 실험이 실패하는 것을 두려워하지 말자."

오늘도 정답을 찾기 위해 노력하는 수많은 직업인에게 같은 응원을 전합니다.

나는 면접에서 캐주얼하게 대화를 엽니다. 이 면접을 뚫고 같이 일하게 된 분들이 "처음 경험하는 면접 스타일", "면접인지 커피챗인지 헷갈렸다"라고 얘기해줄 정도입니다. 덕분에 면접에서 본 모습과 실제로 일할 때의 모습이 놀랄 만큼 똑같은 사람이라는 평도 종종 듣습니다.

던접 질문과 분위기의 정석은 그 사람이 얼마나 준비되었는지를 객관적으로 평가하는 것입니다. 실제로 많은 기업에서 면접관들은 구조화 면접 교육을 받습니다. 구조화 면접이란 모든 지원자에게 동일한 질문을 건지고, 정해진 평가 기준에 따라 점수를 매기는 방식입니다. 이렇게 하면 평가자의 편견이 줄어들고, 면접 결과를 비교적 공정하게 누적할 수 있다는 장점이 있습니다. 특히 규모가 큰 조직일수록 면접관의 성향이나 분위기에 따라 결과가 흔들리는 일을 줄이기 위해 구조화 면접이 권장됩니다. 지원자는 준비된 답을 내놓고, 면접관은 그 답을 기준표에 맞춰 기록합니다. 면접실은 통제된 질문과 답으로 채워지고, 양쪽 모두 '정답'을 맞히는 듯한 긴장 속에서 움직이게 됩니다.

나는 인터뷰에서 조금 다른 것을 확인합니다. 이미 서류에서 확인할 수 있는 준비와 경력은 빠르게 진위와 깊이를 확인하고, 편안한 대화 속에서 비로소 드러나는 그 사람의 진심, 속마음, 가능성을 보는 것을 더 중요하게 생각합니다. 우리가 일할 때 항상 인터뷰 때의 자세로 일하는 것이 아니라서 그 사람의 평소 모습을 봐야 입사 후의 모습을 추측하는 데 오류를 줄일 수 있다고 생각하거든요. 게다가 나는 개개인의 능력과 함께, 동료들과의 팀워크가 매우 중요하다고 생각하기 때문에 팀에서 부족한 것을 채워주거나 혹은 팀의 장점을 더 강화할 수 있는지 확인하는 것을 중요하게 생각합니다. 반대로 나도 함께 일할 사람이면 나의 성격이 방해되지 않았으면 해서 내 모습을 가감 없이 보여주려고 노력하는 것이기도 합니다.

진심은 완벽한 답변이나 깔끔한 태도에서 나오지 않습니다. 서툴더라도 솔직히 드러내는 마음, 그 안에 담긴 진심에서 나옵니다. 그 마음은 결국 일하는 과정에서도 상대를 신뢰하게 만들고, 함께 성장하게 만듭니다. 서툴러도 괜찮습니다. 오히려 그 서투름에서 나오는 에너지와 솔직함이 함께 일할 때 훨씬 더 큰 힘이 되기 때문입니다.

그렇다면 그 진심을 어떻게 가려내냐고요? 진심은 판단하는 게 아닙니다. 느끼는 거죠.

의도적인 비움과 내려놓음

교육학에서 언런이 런보다 더 어렵다고 말하는 이유는 이미 내 안에 뿌리내린 지식, 습관, 신념, 행동 방식을 의식적으로 버리거나 수정해야 하기 때문이라고 합니다. 그 과정에서 오는 인지적 저항과 심리적 불안이 에너지를 많이 소비하게 만드는 것이죠.

오래 반복된 습관과 사고는 거의 자동화되어 있습니다. 그래서 새로운 지식을 배울 때도 무의식적으로 예전 방식에 기대게 되고, 때로는 그것이 새로운 학습을 방해하는 장애물이 됩니다. 또한 언런은 새로운 걸 배우기 전에 먼저 내가 믿던 것을 '비우고 내려놓는' 과정이 필요합니다. 잘못되었거나 시대에 뒤처진 생각과 행동을 스스로 해체해야 하는데, 이 과정은 자기 정체성을 흔드는 불안과 저항을 불러옵니다. 이러한 기억과 감정은 신경과학적 이유에 기인하는데, 반복된 경험은 뇌 속에 강력한 회로(뉴런 연결망)를 만들어놓기 때문입니다. 익숙한 길은 고속도로처럼 빨리 지나가지만, 그 고속도로를 끊고 새로운 길을 내려는 건 엄

청난 에너지가 드는 일이죠. 그래서 런보다 훨씬 느리고 어렵게 일어난다고 합니다.

성공적인 언런은 단순히 새로운 것을 배우는 문제가 아니라, 이전의 익숙한 틀을 의도적으로 내려놓고 새 구조를 쌓는 것입니다. 이를 위해서는 '내가 가진 것이 더 이상 쓸모없을 수 있다'라는 자각, 그리고 안전하게 새로운 방식을 실험할 수 있는 환경과 반복 훈련이 필요합니다. 언런은 배우는 것보다 훨씬 어렵습니다. 배우는 것은 빈자리에 채워 넣는 일이지만, 언런은 이미 자리 잡은 습관과 신념을 해체하는 일이기 때문입니다. 다행인 것은 언런을 위한 방법론이 구조적으로 정립되어 있다는 것입니다. (먼저 고민해주신 거인들에게 감사를 드립니다.)

언런은 단순히 '초기화'로 끝나는 과정이 아니라, 단계적으로 '비우고-배우고-전환하고-내재화'하는 흐름을 거칩니다.

1. 초기화

먼저 익숙한 사고방식, 습관, 관행 중 더 이상 효과적이지 않은 것들을 의도적으로 인식하고 내려놓는 단계입니다. '이건 이제 나를 돕지 않는다'라는 자각이 출발점이 됩니다. 이 과정은 언런의 가장 핵심적인 과정이며, 좁은 의미의 언런을 말하기도 합니다.

이 과정이 얼마나 어려울지 감이 오나요? 새로운 걸 배우려면 먼저 낡은 것을 내려놔야 합니다. 문제는 대부분의 사람이 기존 방식을 그대로 두고 위에 덧칠하려 한다는 겁니다. 하지만 오래된 습관 위에 새로운 방식을 덧입히면 결국 충돌합니다. 과거의 기억을 지우는 것과 같은 정도의 난이도로 일의 방식을 먼저 초기화해야 합니다. 내가 당연하다고 여기는 절차, 보고서 형식, 회의 방식, 의사결정 루틴을 한번 의심해보세요. 무엇을 버려야 새로움이 들어올 자리가 생기는지, 이것이 초기화의 핵심입니다.

우리가 "레드썬!"을 외쳐서 기억을 지울 수 있는 초능력이 있는 것은 아니라서, 이미 몸과 머리에 각인

된 습관과 사고방식을 초기화하는 일은 그렇게 간단하지 않습니다. 이럴 때 나는 그저 내가 가야 하는 목표만을 생각합니다. 현재와 목표 상태의 차이를 생각하면 마음이 복잡해지거든요. 현재의 내가 내려놔야 하는 것, 그것을 메울 방법을 고민하게 되면 그것이 변화에 대한 저항으로 작동합니다. 하지만 '내가 도달해야 할 지점'에만 시선을 고정하면 생각이 단순해지고 행동은 가벼워집니다. 초기화의 핵심은 복잡한 경로를 계산하는 게 아니라, 불필요한 비교를 끊고 목표로 직진할 수 있는 마음가짐을 만드는 데 있습니다.

목표만 생각하면서 가다 보면 현재의 것을 다 챙겨가지 못할 수도 있습니다. (내가 잘 저지르는 실수이기도 합니다.) 하지만 1년간 입지 않은 옷은 평생 다시 입을 일 없다는 정리 전문가들의 말처럼, 내가 언런의 과정에서 흘렸는데 1년 내에 챙기지 않아도 되는 일은 평생 안 챙겨도 되는 것이라고 생각합니다.

2. 재학습

비워닌 자리를 새로운 지식과 기술, 관점으로 채웁니

다. 열린 자세와 도전정신이 필요하며, 낯설고 불편한 방식일수록 성장의 기회로 삼아야 합니다.

3. 전환(행동 변화)

새롭게 배운 것을 실제 행동으로 옮겨 반복적으로 실천하는 단계입니다. 이 과정에서 효과와 결과를 직접 경험하면서 변화가 현실이 됩니다.

전환 단계에서는 안전하게 실패할 수 있는 환경과 심리적 안정감을 줄 수 있는 분위기가 매우 중요합니다. 언런은 새로운 배움의 출발점입니다. 실제 작은 실험으로 옮겨야 합니다. 새로운 도구를 써보고, 회의 방식을 바꿔보고, 익숙한 답을 일부러 피해보는 것도 방법입니다. 작은 실험은 위험을 줄이고 실패를 복구 가능하게 만드는 동시에 새로운 길을 열어줍니다.

리더나 팀장이 먼저 솔선수범하며 모델링하면 효과가 극대화됩니다. 전환 단계에서 리더나 팀장은 누구를 보고 따라야 할까요? 사실 그 위에 또 다른 리더가 있는 경우도 있지만, 더 본질적으로는 변화하는 환경과 판의 흐름을 읽고 그것을 기준으로 행동해야 합니다. 개인이 옆 사람을 보며 배우듯, 리더는 '새로운 흐름, 기술, 사회적 변화'를 보고 먼저 몸으로 실험해봐야 합니다. 그래야 개인도 안심하고 뒤따를 수 있거든요. 그것이 리더가 가져야 하는 무게입니다.

이 과정에서 비로소 초기화하면서 버린 것들을 뒤돌아보고, 그 안에서 여전히 유효한 본질을 뽑아내야 합니다. 경험 속에서 핵심만 추출하는 추상화의 과정이 필요합니다. 추상화는 "그때 그 일이 지금 말해주는 본질은 무엇인가?"라는 질문에서 시작됩니다. 그대로 가져오는 것이 아니라 반드시 추상화 단계를 거쳐서 핵심을 가려낼 수 있어야 합니다.

4. 내재화와 루틴화

마지막은 변화가 일회성으로 끝나지 않도록 습관으로 정착시키는 단계입니다. 일상 속 루틴으로 자리 잡을 때 언런은 비로소 완결됩니다. 작은 시도와 피드백을 반복하면서 점진적으로 변화를 확장해야 합니다.

여기서는 구조화를 활용해야 합니다. 추상화된 본질은 그냥 깨달음으로 머무르면 사라져버립니다. 그것을 내 경험, 현재의 환경과 연결해 체계 안에 배치해야 합니다. 그래야 새로운 문제에 맞닥뜨렸을 때 다시 꺼내 쓸 수 있습니다. 구조화는 과거의 단편적 경험을 현재와 미래의 맥락에 통합하는 과정입니다.

루틴을 만드는 가장 효과적인 방법은 실행과 실행 사이의 간격을 최소화하는 것입니다. 스스로의 기억력을 믿지 마세요. 인간의 의지와 기억력은 나약하기 그지없습니다. 그럴 수밖에 없는 환경을 만들어주는 것이 나약한 나의 의지를 탓하지 않을 수 있는 가장 좋은 방법입니다.

결국 내재화와 루틴화는 단순히 '익숙해지는 것'이 아닙니다. 구조화된 교훈을 루틴에 배치하고, 반복적인 실험을 통해 그것을 점점 더 강하게 만드는 과정입니다. 그렇게 할 때만 언런은 습관이 되고, 습관은 다시 성장을 밀어 올리는 힘이 됩니다. 결국 배움의 완성은 깨달음이 아니라, 일상의 반복 속에 있습니다.

언런은 결국 내가 지금까지 쌓아온 것을 버려야 한다는 두려움과 마주하는 과정입니다. 하지만 버림은 공백을 만드는 것이 아니라 더 깊이 배우기 위한 준비이고, 언런은 내가 어디로 가야 하는지를 더 뚜렷하게 해주는 과정입니다.

아무리 뒤돌아봐도 지나간 시간은 결코 다시 오지 않습니다. 이 순간 언런을 하지 않으면 멀지 않은 미래에는 어느새 왜인지도 모른 채 어딘가에 고립되어 있는 자신을 발견할 수도 있습니다. 거꾸로 흐르는 시간은 오로지 벤저민 버튼에게만 있는 것입니다.

“나는 이미 안다”는 착각 ✕

“나는 언제든 다시 배울 수 있다”는 태도 ○

Unlearn

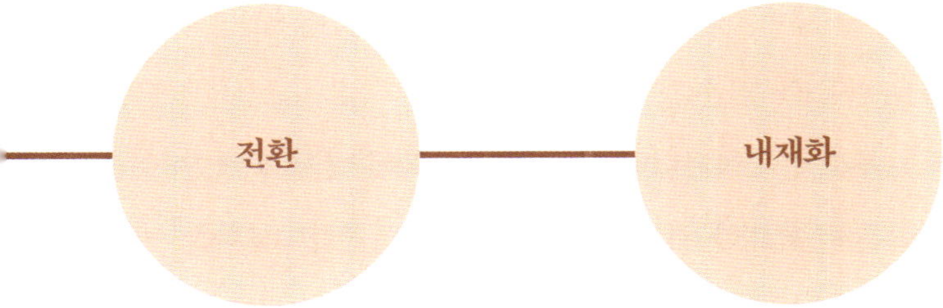

전환
내재화

판은 전문성과 도메인의 합이다

"판을 읽는다"는 말은 바둑이나 장기 같은 게임에서 쓰이던 표현입니다. 어느 쪽이 우세한지, 다음 수가 어디로 이어질지 미리 감지하는 능력을 말합니다. 이 말은 정치, 비즈니스, 일상까지 확장되어 눈앞의 사실 너머의 힘과 흐름을 보는 능력이라는 의미로 쓰이고 있습니다. 진심을 다해 열심히 했는데 뭔가 어긋나거나 내가 원하는 방향으로 흘러가지 않을 때는, 꽤 높은 확률로 판을 못 읽은 경우입니다.

똑같이 노력하더라도 흐름과 맥락에 맞게 움직인 사람은 불필요한 시행착오를 줄이고, 더 많은 성과를 낼 수 있습니다. 잘못된 타이밍에 시작하거나 이미 힘이 빠진 흐름에 올라타는 실수를 덜 하게 되는 것이죠. 또 언제 나서고 언제 물러나야 하는지 감을 잡게 되어, 같은 자원으로도 더 큰 결과를 만들 수 있습니다.

판을 읽는 힘은 협상과 협력에서도 큰 차이를 만듭니다. 이해관계가 어떻게 얽혀 있는지 보이기 때문에 설득의 포인트가 분명해지고, 관계를 원활히 풀어 내는 데 유리합니다. 결국 시간이 흐르면서 더 큰 영향력을 끼치는 역할을 할 수 있는 기반이 됩니다.

직업인에게 판을 읽는다는 것은 단순하게 타고난 눈치만을 의미하지 않습니다. 차근차근 쌓아 올린 전문성, 통찰력 있는 도메인 지식, 조직 감각으로 구성됩니다. 분명히 시간이 어느 정도 필요하기도 하지만 시간만 쌓인다고 저절로 갖게 되는 것들도 아닙니다. 경험을 통해 조금씩 단련되기도 하지만 의식적으로 훈련하지 않으면 여전히 눈앞의 사실만 보게 됩니다.

판을 읽는 힘은 타고난 재능이기도 하지만 훈련으로 어느 수준까지는 키워질 수 있는 능력입니다. 누구든 의도적으로 관찰하고, 구조화하고, 다시 복기하는 과정을 반복하다 보면 점점 더 명백해지는 맥락과 흐름을 볼 수 있게 됩니다.

첫째, 관찰의 층위를 높인다.

사람들은 보통 말이나 결과만 주목하지만, 판을 읽는 사람은 그 너머를 봅니다. 회의에서 누가 발언했는지가 아니라, 그 순간 누가 고개를 끄덕였는지, 누가 아무 말도 하지 않았는지를 살핍니다. 표면에 드러나지 않은 신호가 오히려 중요한 단서가 됩니다.

둘째, 언어 뒤의 신호를 포착한다.

말 그 자체보다 반복되는 표현, 우회하는 대답, 꺼내지 않는 주제가 더 많은 것을 말해줍니다. 특히 조직에서는 침묵이야말로 가장 강력한 메시지일 때가 많습니다.

셋째, 이해관계의 지도를 그린다.

상황을 움직이는 힘은 이해관계에서 나옵니다. 누가 무엇을 얻고, 누가 무엇을 잃는지를 그려보면 겉으로 보이지 않던 연결선이 드러납니다. 조직 안에서든 시장 안에서든 힘의 방향을 보려면 이 지도를 그리는 습관이 필요합니다.

넷째, 흐름과 타이밍을 읽는다.

같은 사건이라도 언제 일어나느냐에 따라 의미가 달라집니다. 유행이 단발성인지 구조적 변화인지, 지금이

물러나야 할 때인지 나서야 할 때인지를 가늠하는 감각은 결국 흐름을 보는 힘에서 나옵니다.

다섯째, 추상화와 구조화를 훈련한다.

눈앞의 현상을 곧바로 받아들이지 않고 "이게 의미하는 바가 뭘까?"라고 물어본 뒤 구조 속에 배치해봅니다. 예를 들어 "기능을 바꿔달라"는 요청 뒤에는 사업 전략의 전환이라는 더 큰 의도가 숨어 있을 수 있습니다.

여섯째, 연결의 직관과 시뮬레이션을 한다.

서로 다른 조각들을 이어서 지금 판에서 어떤 그림이 그려지는지 떠올리고, "만약 이렇게 흘러간다면 다음엔 어떻게 될까?"를 몇 가지 시나리오로 돌려봅니다. 이 습관은 예측력을 키우고, 대비를 가능하게 합니다.

일곱째, 메타인지를 유지한다.

자신이 지금 어디에 서 있는지, 전체 중 어느만큼을 보고 있는지 스스로 묻습니다. "내가 지금 놓치고 있는 건 뭘까?"라는 질문이 관점의 맹점을 줄여줍니다.

여덟째, 케이스 리뷰를 반복한다.

스포츠처럼 리플레이가 필요합니다. 지난 프로젝트나 협상을 다시 복기해보면 실시간에서는 보이지 않았던 흐름이 보이고, 다음에는 훨씬 빠르게 이해할 수 있습니다.

정리하자면, 판을 읽는 힘은 단순한 눈치가 아니라 '관찰-언어 신호-이해관계-흐름-구조화-연결/시뮬레이션-메타인지-리뷰'의 루프를 반복하면서 확실히 강화할 수 있는 능력입니다. 이길 수 없는 타고난 감각을 가진 사람이 아니라도 꾸준히 훈련하는 습관으로 만들어낼 수 있는 결과물인 것이죠.

이런 훈련을 직업인의 현실 속에서 적용하는 방법은 지속적인 추상화와 구조화입니다. 추상화는 쏟아지는 정보 속에서 '본질'을 뽑아내는 힘입니다. 신입사원일 때는 모든 단어가 낯설지만, 핵심 용어 열 개만 파악해도 대화의 절반은 들리기 시작합니다. 본질만 붙잡아도 상황은 훨씬 단순해집니다. 뽑아낸 본질을 내 경험, 지식, 맥락에 연결해 체계로 만드는 구조화는 이 뒤에 자연스럽게 따라올 수 있습니다. 새 보고서 양식이라도 결국 중요한 건 '문제-원인-대안'이라는 구조로 정리하는 습관입니다. 이 구조화 덕분에 어떤 상황에서도 흔들리지 않는 나만의 회로가 생깁니다.

AI 시대에는 이 훈련이 더욱 절실해집니다. 이제 정보와 지식은 강물처럼 쏟아집니다. 쉽게 질문만 던져도 정리된 답변이 눈앞에 펼쳐집니다. 하지만 그 답을 그대로 받아들이는 순간, "너의 머리는 사금인데, 네 주먹엔 자갈만 남을걸." 우리는 금맥에서 사금은 건지지 못하고 모래만 움켜쥐는 꼴이 됩니다.

AI가 퍼 올려주는 정보의 강물에서 빛나는 조각을 건져내려면 사고의 밀도를 지켜야 합니다. 흐름에 휩쓸리지 않고, 잠시 멈춰 구조를 만들고, 본질을 추려내는 힘이 필요합니다. 도구는 계속 발전하지만, 결국 남는 것은 사고 체계입니다. '관찰-구조화-메타인지-리뷰'라는 회로를 통해 우리는 판을 읽는 힘을 유지하고 확장할 수 있습니다. 도메인 지식은 빠르게 사라지고, 전문성은 천천히 쌓이며, 판은 끊임없이 바뀝니다. 결국 끝까지 남는 무기는 추상화와 구조화라는 사고 도구입니다. 그것이야말로 AI 시대를 견뎌내고, 여전히 '사람이 일의 본질을 설계하는 주체'로 남게 하는 무기입니다.

표면은 언제나 다릅니다. 서비스가 달라지면 용어와 규칙, 고객의 요구가 전혀 새롭고, 회사를 옮겨도 보고서 형식이나 숫자를 해석하는 방식이 달라집니다. 그래서 늘 처음부터 다시 배우는 기분을 피할 수 없습니다. 그러나 본질의 꽤 많은 부분은 유사하기도 합니다. 문제를 정의하고 원인을 찾고 대안을 제시한다는 구조, 사용자 요구를 해결책으로 번역하는 과정, 데이터를 해석해 결정을 내리는 사고 회로는 분야가 달라도 반복됩니다. 본질적 구조는 늘 같다는 점에서 안정감을 얻을 수 있습니다.

판을 읽는 힘에는 '반반의 진실'이 담겨 있습니다. 겉으로는 제로에서 시작해야 하지만, 그 밑바닥에는 익숙한 회로가 깔려 있습니다. 이 두 가지를 동시에 인정하면 한결 편안해집니다. "다시 배워야 한다"라는 긴장감과 "결국 같은 본질을 찾으면 된다"라는 안정감, 이 두 가지가 함께 있을 때 판을 읽는 힘은 진짜 무기가 됩니다.

문제의 정의

고등학교 때 선생님 한 분이 이런 말씀을 하셨습니다.

"질문에 답이 있고, 선택지에 답이 있다. 모르는 문제라고 지레 겁먹지 말고, 질문을 잘 읽고, 선택지도 잘 읽어봐라. 의외로 길이 보일 수도 있다."

열여섯 살의 고등학생에게 이 말은 선문답으로 들렸습니다. 하지만 지금 돌이켜보면, 이것이야말로 판을 읽는 훈련의 가장 기초적인 교과서였습니다. 문제를 곧장 풀지 않고, 문제를 둘러싼 문맥을 살피고, 보이지 않는 힌트를 읽어내는 태도가 판을 읽는 중요한 축이 됩니다.

일을 할 때도 이미 문제가 정의됐다는 것은 해답의 방향이 정해졌다는 의미이기도 합니다. 문제 정의는 판을 읽는 과정의 한 축이자, 판을 읽고 난 뒤 얻게 되는 첫 번째 결과물입니다. 판을 읽는 것이 상황을 관찰하고 흐름과 맥락, 이해관계의 구조를 감지하는 일이라면, 문제 정의는 그 속에서 무엇을 선택해 집중할지 결정을 내리는 일입니다. 같은 판을 보고도 사람마다 전혀 다른 문제를 정의할 수 있습니다. 그래서 전략이 달라지고, 결과도 달라집니다. 문제 정의는 곧 우리가 "진짜 풀어야 할 것은 무엇인가?"를 묻는 과정이자, 판을 제대로 읽었는지를 드러내는 시험지 같은 역할을 합니다.

판을 잘 읽고 문제를 다르게 정의하는 순간, 흐름은 완전히 달라집니다. 같은 상황에서도 "이건 기능의 문제가 아니라 전략의 전환 신호다", "고객이 원하지 않는 건 새로운 기능이 아니라 기존 경험의 안정감이다"처럼 문제를 재정의할 수 있다면, 해답은 보다 간결하고 효과적으로 드러납니다. 문제 정의는 단순히 시작점이 아니라, 끝까지 결과를 좌우하는 보이지 않는 힘입니다.

반대로 문제를 정의하지 못한 채 곧장 해답을 찾으려 들면, 겉으로는 분주하게 움직이지만 본질과는 동떨어진 결과를 낳기 쉽습니다. "열심히 했는데 왜 안 풀리지?"라는 흔한 좌절은 대부분 해답의 부족이 아니라 문제 정의의 부족에서 비롯됩니다. 판을 읽지 않고 성급하게 정한 문제는 잘못된 방향으로 사람과 자원을 끌어들이고, 결국 시간과 에너지를 허비하게 만듭니다.

예전에 가계부 서비스를 만들던 때가 있었습니다. 사용자들에게 "가계부에서 뭐가 불편하세요?"라고 물었었고, 꽤 큰 비중으로 "입력하기가 번거롭다", "분석이 필요하다" 같은 사용성과 관련된 인사이트를 얻었습니다. 편리하게 쓸 수 있는 가계부를 만들었었죠. 이후 또 다른 가계부 서비스를 만들게 되었는데, 뭘 더 발전시켜야 할지 깊은 고민에 빠졌습니다. 어제와 똑같은 서비스를 만들 수는 없으니까요. 다시 사용자 조사를 했지만, 같은 질문에는 같은 기능적 불만들만 돌아올 뿐이었습니다.

고객사와 미팅을 하고 회사로 돌아오는 차 안에서 딱 그 가계부 서비스의 타깃 사용자였던 20대 후반의 동료에게 답답한 마음을 토로하며 물었습니다. "그런데 가계부는 왜 써요?" 그랬더니 동료가 망설임 없이 이렇게 대답했습니다. "저는 일기처럼 기록하려고 써요." 그 한마디에 머리를 한 대 맞은 것 같았습니다. 지금까지 나는 가계부를 '재무 관리 도구'로만 보고 있었지만, 어떤 사람들에게 가계부는 돈의 흐름을 통제하는 도구가 아니라 삶의 조각들을 기록하는 일기장이었던 겁니다. 문제를 "어떻게 더 편하게 쓸 수 있게 할까?"로 정의하면 기능 개선이 답이 되지만, "사람들은 왜 가계부를 쓸까?"로 정의하면 서비스의 방향 자체가 달라집니다.

문제 정의가 바뀌는 순간, 풀어야 할 문제의 크기와 본질이 완전히 달라진다는 걸 통감했습니다. 이것은 '사용자 조사'를 가르치면서도 과연 얼마나 도움이 될까 반신반의하고 있던 내가 강의할 때마다 들려주는 에피소드가 되었습니다.

문제 정의를 어떻게 하느냐에 따라 서비스는 전혀 다른 길을 걷게 됩니다. 처음에는 '원래의 질문'이 있습니다. 엠넷에서는 "어떻게 더 좋은 콘텐츠를 보여줄

까?', 잡코리아에서는 "어떻게 더 많은 채용 기회를 연결할까?", 콴다에서는 "어떻게 더 많은 지식을 제공할까?"라는 질문이었죠. 모두 당연해 보이는 질문이었지만, 이 질문만 붙잡고 있으면 해답은 기능의 확장이나 정보의 증가에 머물 수밖에 없습니다.

그런데 어느 순간 '새로운 질문'이 등장합니다. "팬의 무서울 정도의 사랑을 어떻게 행동으로 이어가게 할 수 있을까?" "사람들은 직장을 찾는 것이 아니라 자기 삶의 다음 장면을 찾고 있는 것은 아닐까?" "사람들은 지식을 얻으려는 것이 아니라 포기하지 않을 수 있는 안도감을 원하고 있는 것이 아닐까?"

이렇게 질문이 바뀌는 순간, 서비스의 방향도 바뀝니다. 엠넷은 단순한 콘텐츠 제공자가 아니라 팬덤 행동을 설계하는 무대로, 잡코리아는 공고의 중개자가 아니라 인생의 다음 장면을 보여주는 길잡이로, 콴다는 지식 공급자가 아니라 포기 곡선을 줄이는 동반자로 성격이 달라졌습니다. 원래의 질문과 새로운 질문 사이의 차이가 바로 서비스의 본질을 어떻게 규정할지를 결정하게 되는 것입니다.

T-엄마의 문제 해결법

T(MBTI에서 Thinking, 논리와 구조로 세상을 이해하는 사람들)의 F(Feeling, 상대의 감정과 맥락에 공감하면서 반응하는 사람들) 배우기가 한창입니다. T의 논리와 사실 중심의 사고가 효율적으로 바로 질문이나 지적을 던지게 하는 것이 상대방에게는 마음의 상처로 돌아올 수 있기 때문에 어색하더라도 "힘들지", "고생 많았어", "괜찮아?", "그랬구나" 같은 말을 앞에 끼우고 질문하면 훨씬 부드럽게 받아들여진다는 취지죠.

극단적인 T 성향의 인간으로서 참 억울한 일입니다. 세상의 문제는 다 T들이 해결하고 다니는데 말입니다. 그 노고에 대해서는 인정하지 않고, 놀릴 생각이나 하는 F들이라니!

T를 판별하는 대표적인 사례는 "나 오늘 우울해서 빵 샀어"라는 말에 어떤 질문을 던지느냐는 것입니다. 대표적인 T의 질문은 "무슨 빵?", F의 질문은 "무슨 일 있었는데?"라고 합니다. 내 질문은 이 예시에 없었습니다. "그래서 기분은 좋아졌어?"였거든요.

빵이 우울함을 풀어주는 것은 과학적이고 심리적으로 매우 합리적인 추론입니다. 빵 속의 탄수화물은 뇌에서 세로토닌이라는 행복 호르몬 분비를 촉진해 순간적으로 마음을 안정시켜주고, 달콤한 빵은 혈당을 빠르게 올려 도파민을 분출시켜 '보상받았다'는 즉각적인 신호를 줍니다. 게다가 따뜻하고 부드러운 식감과 고소한 향은 심리적인 위로를 주기도 하지요. 무엇보다 중요한 건, 세상을 바꿀 힘이 없다고 느낄 때 '내가 빵을 사서 먹는다'라는 아주 작은 선택이 자기 주도적인 통제감을 준다는 점입니다. 결국 빵은 세로토닌과 도파민, 추억과 작은 통제감이 합쳐져서 우리를 잠시나마 웃게 만드는, 꽤 과학적이고도 합리적인 항우울제인 셈입니다. (빵이 위로가 된다는 걸 완벽하게 이해하는 빵순이 T로서) 나의 질문은 그 치유의 기제가 원하는 바대로 동작했냐는 것이죠.

T의 자부심이 충만한 나에게도 풀기 어려운 숙제가 있습니다. 사춘기 아들들과 함께 보내는 시간입니다. 아무리 논리적인 설명에도 그들은 바뀌지 않았고,

그것은 관계의 꼬임으로 다가왔습니다. 나의 아들들도 충분히 T 성향이지만, 사춘기의 호르몬이 그들의 사고 회로를 장악해버리잖아요. 논리적 설명은 귀에 들어가지 않았고, 대신 짜증과 감정의 파도가 앞자리를 차지했습니다.

그렇게 질풍노도의 시기를 몇 년 겪고 이제 거의 사춘기 끝자락에 도착한 아들들을 보며 나는 세상의 이치를 깨달았습니다. 최근 중학교 2학년 아들을 둔 친구에게 이런 얘기를 해줄 수 있게 되었습니다.

"문제 정의를 바꿔. 아이가 숙제를 다 하게 만들거나 방을 깨끗하게 치우게 하는 게 목표가 아니야. 이 시기를 무사히, 큰 사고 없이 넘어가는 것으로."

03. 몽글몽글 피어나는 마음과 이야기

어느 날 우리 집 식탁에 있던 곰돌이 두 마리를 보고는 웃지 않을 수 없었습니다. 큰 검정 곰돌이는 후추통이고, 작은 하얀 곰돌이는 생일 초였어요. 생일을 맞아 가족과 케이크를 나눠 먹고는 생일 초를 식탁에 뒀는데, 아들이 이렇게 세팅해두고 학교에 간 거죠.

사춘기 아들을 키우는 엄마들은 그들의 '마음'을 엿보는 게 얼마나 희귀한 경험인지 아실 거예요. 무겁고 큰 곰과 작고 귀여운 곰이 서로 마주 보며 균형과 교감을 이루는 이 장면을 만들어내면서 자신의 손으로 관계를 만들어낸다는 기분, 작은 세계를 완성했다는 안정감, 소소하지만 진짜 따뜻한 이야기를 내가 만들어냈다는 뿌듯함, 균형과 교감이 완성됐다는 성취감을 느꼈을 것으로 생각합니다.

오른쪽 검정 큰 곰과 왼쪽 나무 그루터기는
미국 크레이트앤배럴Crate&Barrel의 소금 및 후추통.
가운데 흰 곰은 동구밭(한국)의 생일 초

나는 디자인이 무엇보다 기능적이어야 한다고 생각하고 있으며, 내 주변의 물건들도 유용함과 효율성을 기준으로 채워나갑니다. 하지만 그런 기능적인 사고를 가볍게 뚫고 감정과 이야기를 만들어주는 디자인이 존재하는 예상 밖의 반짝이는 찰나를 저항 없이 사랑합니다.

좋은 디자인은 그것을 사용하는 사람의 맥락을 추측하고, 그들에게 이야기를 만들어줄 수 있다고 믿습니다. 그러기 위해서는 사용자가 처한 상황, 조건, 감정을 읽어내고 만들어내는 일을 세심하게 할 수 있어야 합니다.

구인구직 플랫폼을 예로 들어볼까요. 플랫폼에 등록된 이력서를 그대로 출력해 검토하는 회사들이 여전히 많습니다. 이력서의 서체가 단정하고 크기가 적절하다면 그 자체로 좋은 인상을 남깁니다. 또 면접관 중 나이가 많은 사람이 한 명이라도 있다면, 그 사람은 노안이 진행 중일 확률이 높습니다. 젊은 지원자들이 이해할 수 없는 세상이기도 하죠. 디자인이 이런 상황을 미리 고려하지 않는다면, 시스템은 쉽게 낯설고 불친절해집니다.

디자인은 단독으로 스스로 완결된 답안처럼 동작하지 않습니다. 사람이 각자의 상황 속에서 이야기를 완성하게 내어주면서 다양한 맥락에서 각자의 해석으로 완성됩니다. 기능을 위해 태어났건 거기에 감성을 한 스푼 얹었든, 작은 세계를 설계하고 완성하는 즐거움과 맞닿아 있기도 합니다.

디자인이 만드는 반짝이는 찰나

집에 있는 몇 개의 감성템 중 하나인 이 빨간 오브제는 사실 매우 기능적인 제품입니다. 요리할 때 옆에 국자나 뒤집개 등의 조리 도구를 받쳐주는 역할을 하죠. 형태도, 구조도 무척 단순합니다. 이 최소한으로 정제된 형태 속에는 기능을 넘어서는 힘이 숨어 있습니다. 같은 조각이지만 어떤 자세로 놓느냐에 따라 전혀 다른 이야기가 생깁니다. 컵에 매달려 있을 때는 당장이라도 떨어질 것처럼 위태로워 보이지만, 엎드려 있을 때는 더할 수 없이 평온해 보이죠. 무척이나 외롭고 힘들었던 어느 날, 이 아이를 보면서 삶의 이치를 느꼈다면 이것이야말로 더할 나위 없이 좋은 디자인이 아닐까 싶습니다.

Chapter 4.

일의 태도를 설계하다

성장의 추억

성장은 혼자의 힘으로 완성할 수 없습니다. 짧지 않은 시간 동안의 나의 성장에 지분을 가지고 있는 사람들의 얼굴이 스쳐 지나갑니다. 두 번의 출산 이후, 나는 더 이상 필요하지 않다는 듯이 그냥 그렇게 회사에서 해고된 적이 있습니다. 자존감은 바닥까지 내려앉았고, 내 사회적 인생은 이제 끝났다고 생각했습니다. 내가 쌓아온 시간이 한순간에 사라졌고, 다시 일할 수는 없겠다고 생각했었죠. 하지만 내 곁에는 나를 먼저 알아봐주는 사람들이 있었습니다. 새로운 일을 소개해주고, 강의 자리를 내어주고, 내가 다시 설 수 있는 가능성을 열어준 사람들이 있었습니다. 그들의 손길이 있었기에 나는 무너진 자리에서 다시 시작할 수 있었고, 멈춘 듯 보였던 시간은 새로운 길의 출발점이 되었습니다. 나는 그 순간에 또 다른 성장을 시작했고, 그 뒤에도 여러 번 무너졌지만, 그때의 성장 추억은 나를 또 또 또다시 성장시키는 힘이 되었습니다.

또한 내가 함께했던 동료 디자이너들, 후배들 역시 나의 성장을 이끌어준 스승이었습니다. 나는 그들의 가능성을 발견하고자 애썼지만, 동시에 그들은 나의 시야를 넓히고, 나를 더 깊은 사람으로 만들어주었습니다. 서로가 서로의 계단이 되어 오르내리며, 우리는 함께 성장해왔습니다. 그들은 나를 리더이며 멘토라 부르지만, 그들은 그 이전부터 이미 나의 뮤즈들입니다.

채용 인터뷰에서 본인도 모르던 구직자의 가능성을 발견해서 지원했던 직무가 아닌 다른 직무를 추천했던 적이 있습니다. 경력이 1년밖에 안 됐던 그 구직자는 나의 추천을 용기 있게 받아들였습니다. 용기와

상관없이, 새로운 좌표계에 들어선 그는 처음이라는 용기의 무게를 견디기 위한 망설임과 두려움의 시간을 보냈고, 동시에 그 두려움을 뚫고 나아가는 단단한 눈빛을 보여주었습니다. 그는 결국 자신이 바라던 새로운 일을 찾았고, 나는 그 과정에서 '좌표계를 바꾼다'라는 말이 추상적인 은유가 아니라 삶 그 자체를 감당해야 하는 실제 사건임을 배웠습니다.

또 어떤 날은 모두가 반대하던 채용을 밀어붙인 적도 있었습니다. 면접장에서의 평가가 그리 인상적이지 않았던 사람이었습니다. 하지만 나는 그 속에 숨어 있는 가능성과 성장에 대한 진심을 보았습니다. 대부분의 면접관이 면접장에서 분석력과 사고력을 고민합니다. 하지만 사실 실무에서는 종합적인 판단력과 상황을 끝까지 수행해줄 수 있는 단단한 실행력이 더 큰 차이를 만들어내는 경우가 많았고, 나는 그때 조직의 상황에 그런 능력을 가진 사람이 꼭 필요하다고 생각했기 때문입니다.

그 선택은, 처음에는 모두가 우려했습니다. 하지만 시간이 흐르고, 그는 누구보다 빠르게 성장해 조직의 중심을 만들어 나갔습니다. 그 한 사람의 성장은 곧 조직 전체의 성과로 이어졌고, '사람을 본다'는 것이 단순히 현재의 능력을 측정하는 일이 아니라 조직이 처한 상황을 폭넓게 이해하고, 그것을 감당할 수 있는 가능성을 믿어야 하는 것임을 다시금 확인하게 되었습니다.

10년간의 육아로 공백기를 가진 후배를 다시 일터로 돌아오게 했던 적도 있었습니다. 꽤 특별한 프로젝트에 특별한 능력자가 필요했던 때였는데, 그 후배는 능력치도, 환경도 딱 맞았습니다. 10년간의 공백기만 빼면요. 컨트랙터로 두 달 동안 프로젝트를 수행했던 후배는 자신감을 되찾고 몇 달 후 현업으로 돌아왔다며 감사의 인사를 전했습니다. 그 후로도 15년이 흘렀지만, 그 후배는 아직도 현업에서 본인의 역할을 해내고 있습니다.

그들의 성장 이야기는 나에게 또 다른 배움이 되었고, 내가 살아온 길보다 더 크게 나를 움직였습니다. 성장은 이렇게 관계 속에서 완성됩니다. 혼자만의 성취로는 설명할 수 없는, 얼굴 하나하나에 얽힌 추억과 기억들이 나의 성장을 이루었습니다. 그래서 성장은 늘 따뜻한 장면들과 함께 떠오릅니다. 그것이 내가 간직하고 싶은, 그리고 독자에게도 전하고 싶은 성장의 추억입니다.

그리고 지금 곁에 있는 디자이너들 역시 마찬가지입니다. 내가 그들을 성장시킨 것 같지만, 사실은 그들이 나를 성장시켰고, 나를 여기까지 이끌어주었습니다. 우리는 서로의 거울이자 서로의 발판이 되며, 그렇게 함께 성장해왔습니다.

"사람을 잘 본다"라는 주변의 호기심 어린 평가는 아마도 특별한 재능이 아니라, 디자이너로 살아온 시간 속에서 길러진 훈련의 결과일 것입니다. 사용자가 원하는 것, 사용자에게 주어야 하는 가치를 항상 고민하는 습관은 내가 상대방에게 어떤 동료가 될 수 있는가를 물어봤고, 어떤 사용자가 우리의 고객이 될 수 있는지를 고민하던 습관은 상대방이 나에게 어떤 동료가 될 수 있는지를 생각하게 해주었던 것이죠. 형태와 개념, 기능과 감정, 현재와 미래를 함께 붙잡는 것과 같은 상반된 개념을 한 번에 다루는 경험은 사람을 볼 때도 지금 눈앞에 드러난 능력보다 그 속에 감춰진 태도와 가능성을 더 선명히 떠올리게 된 것이 아닐까 합니다.

디자인이 나에게 남긴 가장 큰 선물은 결국 사람을 보는 눈이었고, 그 눈으로 나는 함께하는 사람들의 성장을 곁에서 지켜보고, 때로는 그 길을 함께 걸어갈 수 있었습니다. 그들의 성장은 곧 나의 성장이 되었고, 그렇게 엮인 순간들이 지금의 나를 만든 따뜻한 추억으로 남았습니다.

운전자는 멀미하지 않는다

멀미는 대개 움직임을 통제하지 못할 때 일어납니다. 자동차, 배, 비행기 등에서 몸이 불규칙하게 움직일 때, 눈(시각)과 귀의 전정기관(평형감각)이 서로 다른 정보를 뇌에 보내 뇌가 혼란을 느끼기 때문에 멀미가 발생한다고 하네요.

그런데 똑같은 차 안에 있어도 운전석에 앉은 사람은 멀미하지 않고, 뒷좌석에 앉은 사람은 쉽게 멀미를 느낀다고 합니다. 단순히 시야 차이 때문만은 아닙니다. 운전자는 전방을 주시하고, 차량이 움직일 방향과 속도 변화를 미리 알기 때문에, 즉 자기가 통제하거나 예측할 수 있어서 몸이 받는 자극과 보는 정보가 거의 일치하게 됩니다. 시각(차창 앞으로 보이는 풍경)과 전정감각(몸이 느끼는 움직임)의 정보가 맞아떨어지면서 뇌의 혼란이 해소되어 멀미를 덜 하게 된다는 것이죠. 동승자, 특히 뒷좌석에 있는 경우에는 차량의 움직임을 예측하지 못하고 시야 확보도 어려워 시각과 평형감각의 불일치가 심해지는 경향이 있다고 합니다. 멀미가 심한 사람의 경우 가능하면 앞좌석에 앉고, 전방을 바라보며 차량 움직임을 따라가면 도움이 될 수 있는 반면, 책을 읽거나 스마트폰을 볼 때는 주변 풍경의 움직임을 놓치고 두 감각 정보가 불일치하게 되면서 뇌가 혼란을 느껴 멀미가 더 심해질 수 있다고 하죠.

승객 모드일 때는 멀미가 쉽게 찾아옵니다. 차가 흔들릴 때마다 머리가 띵하고, 조금만 더 달리면 속이 울렁거립니다. "왜 이렇게 흔들려?", "이 차 너무 세게 브레이크 밟는 거 아니야?", "빨리 안 가나?" 같은 불평이 늘어나지만, 내가 할 수 있는 건 없습니다. 내 몸은 흔들림을 그대로 받아내야 하고, 그래서 멀미는 더 심해집니다.

반대로 운전자 모드일 때는 상황이 다릅니다. 똑같은 도로, 똑같은 차라도 멀미가 거의 일어나지 않습니다. 가속과 브레이크, 코너링까지 내가 직접 선택하고 반응하기 때문에 몸과 뇌가 일치된 움직임을 경험하기 때문입니다. 흔들림은 그대로이지만, 내가 조향

하고 있다는 감각이 멀미를 막아주게 됩니다.

　조직에서든 일에서든 마찬가지입니다. 어떻게 될지 수동적으로 기다리는 사람은 작은 변화에도 멀미를 합니다. 그러나 판을 읽고, 흐름을 감지하고, 내 손으로 핸들을 돌리는 사람은 같은 변화 속에서도 방향을 잃지 않습니다.

　미래는 '태워다주는 셔틀버스'가 아니라 내가 직접 핸들을 잡고 향하는 곳입니다. 미래를 그저 기다리는 사람은 멀미를 합니다. 미래를 가장 정확하게 예측하는 방법은 미래를 만드는 것입니다.

시간을 이기는 태도

시간은 누구에게나 공평하게 흐르지만, 그 흐름을 받아들이는 방식은 사람마다 다릅니다. 경력이 쌓인 시니어는 이미 지나온 시간 속에서 자기만의 무기를 발견해야 하고, 경험이 부족한 주니어는 아직 없는 시간을 대신할 태도를 보여야 합니다. 그래서 중요한 건 경력의 길이가 아니라 시간을 이겨내는 태도입니다.

주니어에게 시간은 언제나 부족합니다. 이 시간의 부족은 정말 시간이 부족하다는 의미가 되기도 하지만, 일의 밑천이 될 수 있는 경험이 쌓인 시간이 부족하다는 의미입니다. 아직 쌓아둔 사례나 성취가 없으니, 무엇을 해도 늘 '처음'이라는 벽 앞에 서게 됩니다. 그래서 같은 과제를 맡아도 시간이 두 배, 세 배 더 걸리고, 시행착오도 많습니다.

이때 중요한 건 의식적으로 '성장의 밀도'를 높이는 태도입니다. 일을 통해 빠르게 작은 실험을 해보고, 글쓰기를 통해 생각을 정리하고 구조화하며, 작은 데이터라도 직접 분석해 패턴을 읽어내는 훈련을 반복하는 것이죠. 경험은 저절로 쌓이는 것이 아니라, 시간을 압축해 배우는 전략으로 만들어낼 수 있습니다. 주니어에게 이 태도란 '아직 쌓이지 않은 연차를 성실히 대체하는 힘'입니다. 배우려는 자세, 실수를 빠르게 복기하는 습관, 남들이 지나치는 신호를 포착하려는 눈. 이것은 시간이 주지 않은 것을 스스로 당겨오는 능력입니다. 이렇게 의도적으로 학습의 밀도를 높이면 짧은 시간에도 깊은 성장을 이룰 수 있습니다.

시니어에게는 다른 위험이 있습니다. 시간이 오래 쌓였지만, 오히려 그 시간 자체가 발목을 잡는 경우입니다. 이미 익숙해진 방식을 버리지 못하고, 새로운 흐름을 흘러보내는 것이죠. 이미 익숙해진 관성을 내려놓고, 새로운 관점에서 문제를 다시 보는 것. 그것이 시간이 주는 무게를 오히려 가볍게 바꿔줍니다.

주니어의 시간이 민첩하지는 않아도 더디게라도 해결될 수 있는 문제라면, 시니어의 시간은 훨씬 치명적입니다. 시간을 따라가지 못하면 아차 하는 순간 도태되고, 잘못 설정한 방향은 조직 전체를 혼란에 빠뜨려 다음 세대의 성장을 가로막을 수 있습니다.

그래서 시니어에게 시간은 단순한 축적이 아니라 끊임없는 '버림'과 '갱신'이 반드시 뒤따라야 합니다. 그렇지 않으면 풍부한 경험조차 무게가 아니라 짐이 되어버리기 때문입니다.

내가 미국에서 거주하며 한국 회사와 원격으로 일한 것이 벌써 7~8년 전입니다. 당시만 해도 원격근무는 모두에게 낯설고, 불편하고, 인정받기 어려운 방식이었습니다. 화상회의는 자주 끊기고, 시차도 늘 문제였습니다. 동료들은 '이게 과연 가능할까?'라는 의심을 품었습니다. 그러나 나는 그 낯섦 속으로 먼저 들어갔습니다. 익숙하지 않은 방식을 실험하면서 내 리듬을 찾아내고, 협업의 방식을 조율했습니다. 이때 내가 한 일은 단순히 원격근무라는 기술적 환경에 적응한 게 아니었습니다. 다가올 변화를 미리 타고 올라탄 것입니다. 준비되지 않은 사람에게 시간은 벽처럼 다가오지만, 준비된 사람에게 시간은 오히려 파도를 밀어주는 힘이 됩니다.

팬데믹이 터지자 상황은 급변했습니다. 모든 회사가 갑작스럽게 원격근무로 전환했고, 수많은 사람이 혼란 속에서 우왕좌왕했습니다. 하지만 나는 이미 익숙했습니다. 그제야 세상이 내 자리로 맞춰진 듯, 내가 준비해둔 경험과 방법이 빛을 발했습니다. 혼란에 빠진 회사에 나는 먼저 원격근무 세팅을 어떻게 할지 알려주었고, 협업의 문법을 바꾸는 데 기여했습니다. 이 순간은 시간을 올라탄 태도의 보상과도 같았습니다. 준비가 곧 안정감이 되었고, 그 안정감은 나만의 경쟁력이 되었습니다.

팬데믹이 끝나자 많은 회사가 다시 사무실로 돌아갔습니다. 원격근무는 일시적 흐름이었고, 원래의 방식으로 돌아가는 게 당연하다고 여긴 이들도 많았습니다. 하지만 나는 여전히 흔들리지 않았습니다. 원격이라는 '환경'이 중요한 것이 아니었기 때문입니다. 본질은 환경이 아니라 '태도'였습니다. 어떤 환경에서도 흔들리지 않는 법을 이미 몸으로 익힌 사람은 시간이 바뀌어도 제자리에 서 있지 않습니다. 나는 원격근무라는 파도 위에서 내려오지 않았습니다. 환경이 다시 바

뛰어도, 이미 그 과정에서 배운 자기 관리법과 협업 태도는 내 안에 내재화되어 있었기 때문입니다. 아마도 내가 가지고 있는 여러 가지 전문성도 한몫했겠죠.

이것이 시간을 올라탄다는 것의 진짜 의미입니다. 단순히 한 번의 변화를 미리 경험하는 것을 넘어, 그 과정에서 배운 태도를 나의 무기로 삼아 이후에도 흔들리지 않는 것입니다. 준비되지 않은 사람은 시간이 바뀔 때마다 무너집니다. 그러나 준비된 사람은 시간이 흘러도, 환경이 뒤집혀도 그 위에 계속 서 있을 수 있습니다. 시간은 누구에게나 변화를 가져오지만, 그 변화를 어떻게 다루느냐는 전적으로 태도의 문제입니다.

나에게 지금처럼 현역으로 일할 수 있는 날이 얼마나 남았는지는 모릅니다. 하지만 현역이 끝나는 그 순간에도 아마 내가 가진 무언가를 다시 꺼내어 또 다른 무언가를 시작하고 있을 것입니다. 그것이 내가 시간을 두려워하지 않는 이유이고, 내가 믿는 태도의 힘입니다.

시간은 누구에게나 주어지지만, 똑같이 쌓이지는

않습니다. 주니어에게는 밀도를, 시니어에게는 갱신을 요구합니다. 결국 중요한 건 얼마나 오래 일했느냐가 아니라, 그 시간이 당신에게 "어떤 무기로 남아 있느냐"입니다. 같은 하루도 어떤 이는 성장으로 남기고, 어떤 이는 관성으로 흘려보냅니다. 시간을 이기는 태도는 결국, 시간을 쌓는 사람이 아니라, 시간을 다루는 사람에게만 허락되는 선물입니다.

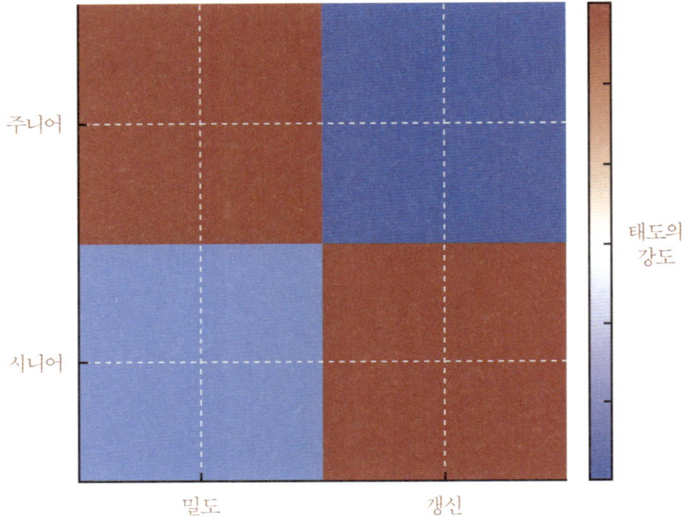

시간을 어떤 무기로 남길 것인가?

시간을 올라탄다는 것은 한 번의 변화를 미리 경험하는 것을 넘어 그 과정에서 배운 태도를 무기로 삼아 흔들리지 않는다는 의미입니다. 누구에게나 시간은 공평하게 주어지지만, 그것을 잘 다루는 일에는 주니어에게는 밀도가, 시니어에게는 갱신이 필요한 것입니다.

태도의 네 가지 비밀병기

내가 살아남을 수 있었던 비밀병기를 하나, 아니 네 개 정도 풀어놓으려고 합니다. 사실 대단한 것은 아니고, 오히려 너무 평범해서 허탈할 수도 있어요. 하지만 이 네 가지가 없었다면 나는 벌써 오래전에 도태되었을 겁니다.

사람들은 흔히 성장의 무기를 '스펙'이나 '기술'에서 찾습니다. 자격증, 연차, 프로젝트 실적 같은 것들이죠. 물론 도움이 되지만, 오래가는 무기는 따로 있습니다. 그것은 겉으로는 티가 잘 나지 않고, 이력서에도 적히지 않지만, 막상 판이 흔들릴 때는 생존과 성장을 갈라놓는 비밀병기들입니다. 흡사 고수들이 허리춤에 숨겨둔 작은 단검 같은 것들이죠. 평소에는 잘 보이지 않다가 진짜 위기가 왔을 때 한 방에 판도를 바꿔버립니다.

나는 직업인이 갖춰야 할 태도 가운데서도 네 가지를 꼽고 싶습니다. 학습 가능성, 호기심, 회복탄력성, 메타인지. 치열한 현장에서 살아남고 성장하기 위한 무기들입니다.

학습 가능성 Learnability

성장하는 직업인의 핵심은 '내가 이미 알고 있는 것'에 머무르지 않고, 언제든 다시 배울 수 있는 태도입니다. 배움은 단순히 새로운 것을 익히는 것이 아니라, 익숙해진 것을 내려놓고 다시 배우는 언런의 과정까지 포함합니다. 기술과 도메인은 너무 빠르게 바뀌어 금세 낡아버리기 때문에 '나는 안다'라는 태도는 곧바로 한계를 만듭니다. 반대로 '모른다'를 인정하고 다시 시작할 수 있는 사람은 훨씬 더 빨리 성장합니다. 결국 학습 가능성이란 과거의 경험을 고집하지 않고 새로운 질문을 던지고 다른 답을 받아들일 수 있는 열린 태도입니다.

호기심 Curiosity

호기심은 태도의 에너지입니다. 질문이 끊어지면 성장은 멈춥니다. "이건 뭘까?", "왜 저 사람은 저렇게 말했을가?", "왜 저 기능은 실패했을까?" 같은 질문을 멈추지 않는 태도가 새로운 지식을 끌어당깁니다. 기술을 몰라도 태도가 있으면 배우게 됩니다. 반대로 태도가 없으면 아무리 지식이 많아도 닫혀버립니다. 호기심은 결국 배움의 불씨이자, 변화를 두려움이 아니라 탐구의 대상으로 바꿔주는 힘입니다.

회복탄력성 Resilience

성장하는 직업인은 실패를 피하려고 하지 않습니다. 실패를 학습으로 전환하는 태도가 몸에 배어 있습니다. 한 번 틀리면 두 번은 틀리지 않으려는 태도, 넘어지더라도 다시 일어나려는 태도가 결국 큰 성장을 만듭니다. 실패를 겪고도 배우지 않으면 그냥 흉터가 남지만, 실패를 통해 배우면 그것이 근육으로 남습니다. 중요한 건 실패를 완전히 피하는 것이 아니라, 실패의 크기를 줄이고 회복을 빠르게 하는 습관입니다. 회복탄력성이란 결국 실패를 흡수하는 마음의 근력입니다.

성장하는 직업인은 자기 위치를 의식하는 습관이 있습니다. "내가 지금 전체 중 몇 퍼센트를 보고 있는가?"라는 질문 하나만으로도 과신을 막고 시행착오를 줄일 수 있습니다. 메타인지는 성장을 늦추는 게 아니라, 더 깊이 가게 해주는 기초 체력입니다. 자기 관점을 상대화하고, 내가 보지 못한 맥락을 의식하는 사람만이 더 큰 그림을 그릴 수 있습니다. 결국 메타인지는 성장의 속도를 지혜롭게 조절하는 내비게이션 같은 역할을 합니다.

작게 실패하고 빠르게 배우기

종종 동료들과 의논하다가 마지막에 하나의 방향으로 가설을 확정하는 것이 어려워질 때는 과감하게 이렇게 얘기합니다. "실험해보자. 우리가 책상 앞에서 사용자를 다 알고 있다는 자만은 버리자." 물론 실패가 두렵지 않은 건 아닙니다. 피할 수 있다면 피하고 싶습니다. 하지만 어느 순간부터 '나는 실패하고 싶지 않다'라는 마음이 '나는 전지전능하다'라는 오만일 수도 있다고 생각했습니다.

성장하는 직업인은 실패를 피하지 않아야 합니다. 오히려 실패를 성장으로 가는 루프의 일부로 받아들입니다. 중요한 건 실패의 크기입니다. 한 번에 모든 걸 무너뜨리는 큰 실패가 아니라, 복구 가능한 작은 실패로 조각조각 나눌 수 있어야 합니다.

프로젝트를 시작했는데 한 달 동안 아무 공유 없이 혼자 머리를 싸매고 있다고 좋은 결과가 나오지는 않습니다. 지적받고, 자신의 작업을 반복하는 것이 두려우면 한 달 뒤 프로젝트의 성공이 기다리고 있기는 쉽지 않습니다. 옆자리 동료와 의논하고, 리더와 의논하고, 계속 방향을 바꿔가며 그 방향이 맞는지 확인하는 과정을 의도적으로 잘게 나눠야 합니다.

작게 실패 → 빠르게 피드백 → 다시 구조화 → 또 시도. 이 흐름이 몸에 배면 실패는 더 이상 멈춤이 아니라 연료가 됩니다. 실패를 한 번 겪고 나면 그 자리에 멈추는 게 아니라, 곧바로 복기하고, 다시 구조화하고, 곧장 실행하는 것이죠. 이렇게 돌고 도는 루프 안에서 사람은 빠르게 성장합니다.

실패를 다루는 태도는 결국 속도와 방향을 동시에 바꿉니다. 작은 실패는 곧바로 방향을 수정할 기회를 줍니다. 피드백을 빨리 얻으니 시행착오가 줄어들고, 그만큼 더 깊은 학습으로 나아갈 수 있습니다. "완벽한 답을 찾을 때까지 기다린다"는 말은 사실상 아무것도 하지 않겠다는 것과 같습니다. 반대로 불완전하지만 빠르게 실행하는 사람은 같은 시간 안에 더 많은 실패를 겪고, 더 많은 배움을 축적합니다.

AI 시대의 일하는 방식도 같은 메시지를 줍니다.

모든 걸 미리 예측하고 완벽하게 계획하려는 방식은 이제 통하지 않습니다. 환경은 너무 빠르게 변하고, 변수는 너무 많습니다. 이럴 때 필요한 건 한 번에 정답을 맞히는 완벽이 아니라, 작게 실패하고 빠르게 배우는 루프입니다. 실험하고, 실패하고, 다시 구조화하는 과정을 반복하는 사람이 결국 변화를 자신의 편으로 만듭니다.

팀 차원에서도 마찬가지입니다. 리더가 작은 실패를 허용하지 않는 분위기를 만들면 아무도 새로운 시도를 하지 않습니다. 반대로 "작게 실패해도 괜찮다. 대신 반드시 배운다"라는 문화가 자리 잡으면 팀 전체가 빠르게 학습하는 집단으로 진화합니다. 작은 실패가 모이면 오히려 팀의 근육이 됩니다. 실패를 흉터로 남기느냐, 근육으로 남기느냐는 결국 태도의 문제입니다.

성장하는 직업인은 실패를 피하는 사람이 아니라, 실패를 학습으로 전환하는 사람입니다. 실패를 한 번도 하지 않은 사람은 사실 새로운 시도를 하지 않는 사람일 가능성이 큽니다. 하지만 작은 실패를 여러 번 겪고, 거기서 배우고, 다시 시도하는 사람은 매번 조금씩 더 나아집니다. 작은 실패는 방향을 고치게 하고, 속도를 조절하게 하고, 결국 더 큰 성과로 이어집니다.

성장하는 직업인에게는 공통된 태도의 비밀병기가 있는 것처럼, 성장하지 못하는 직업인에게도 눈에 띄는 특징이 있습니다. 단순히 게으른 사람, 노력을 안 하는 사람뿐 아니라, 배우려는 마음이 없고, 자기방어에만 급급해 협력과 배움의 기회를 놓치고, 익숙한 틀을 고집하는 태도, 즉 프로세스와 형식에 집착하다 구조화와 조직화에 실패하며 성장을 가로막는 장벽을 구축하는 사람이 이에 해당합니다.

겉으로는 성실해 보이고, 바쁘게 일하는 것처럼 보여도 이 세 가지 태도는 결국 공통된 결말로 이어집니다. 시간에 굴복하는 것입니다.

시간은 누구에게나 흐릅니다. 하지만 배우려는 마음이 없으면 새로운 흐름을 따라잡지 못하고 도태됩니다. 자기방어에 급급하면 협력 속에서 함께 성장할 기회를 놓치고, 결국 남보다 더뎌 뒤처집니다. 형식만 고집하는 태도는 변화한 환경을 받아들이지 못해 과거의 방식에 붙들린 채 멈춰버리게 만듭니다.

결국 성장하지 못하는 직업인은 시간의 편에 서 있는 것이 아니라, 시간에 끌려가는 사람입니다. 시간을 이기는 태도가 아닌, 시간을 허비하고 굴복하는 태도를 택하는 것이죠. 이것이 개인의 문제를 넘어 조직의 손실로 이어지는 이유는 명확합니다. 한 사람이 성장을 멈추는 순간, 그와 함께 움직여야 하는 동료와 조직 전체도 같은 자리에 묶여버리기 때문입니다.

04. 오래오래 행복하게 살았습니다

동화마다 반복되는 상투적이고 지루한 끝맺음처럼 들리지만, 우리는 그것이야말로 인생의 매 순간 가장 어려운 일이라는 것을 압니다. 갈등이 끝나고, 사건이 정리된 뒤에도 계속 살아가는 일, 그 시간을 오래도록 지켜내는 일은 동화에서나 있을 법한 이야기입니다. 디자인드 한순간의 반짝임에 그치지 않고 오랫동안 사용자의 곁에 머물며 익숙해지고, 또 낡지 않고, 삶의 배경이 되어주는 것은 동화의 마지막 문장만큼이나 달성하기 어려운 꿈입니다.

오즘은 30년간 사랑받은 서비스를 개선·개편하는 일을 하고 있습니다. 완전히 새로운 서비스를 만드는 것과 또 다른 결의 깊은 고민에 빠졌습니다. 이미 수많은 사람의 삶에 스며든 습관과 기억을 지켜내면서도 앞으로의 시간을 다시 이어주어야 하기 때문입니다. '익숙함을 지켜내는 일과 변화를 설득하는 일 사이에서 균형을 찾는 것'이 디자이너로서 내게 주어진 가장 깊은 과제처럼 느껴집니다. 순간의 결말이 아니라, 시간이 흘러도 이어지는 삶의 지속을 위해서는 신뢰가 필요합니다.

신뢰는 일관성에서 시작됩니다. 같은 맥락에서는 같은 표현을 쓰고, 동일한 규칙이 반복적으로 적용될 때 사용자는 불필요한 추측을 하지 않아도 됩니다. 언어, 시각적 패턴, 동작의 결과가 예측 가능할 때 사용자는 시스템을 믿을 수 있게 됩니다. 신뢰는 단순함을 바탕으로 쌓입니다.

제품은 사용자가 '이해할 수 있다'라는 확신을 주어야 하며, 그 확신이 곧 신뢰로 이어집니다. 제품이 요구하는 행동이나 정보에 이유가 분명히 드러나야 합니다. 왜 필요한지 알 수 없으면 사용자는 의심하고 멈추게 됩니다. 납득 가능한 이유를 제시하는 순간, 사용자는 그 과정을 받아들이고 스스로 안심합니다.

신뢰는 한 번의 편리로 생기지 않습니다. 작은 배려들이 누적되며 형성됩니다. 눈에 띄지 않지만 계속 지켜보는 손길이 결국 사용자의 마음속에 '안전하다'는 감각을 심습니다.

좋은 디자인은 결국 기능을 넘어 하나의 태도로 남습니다. 사용자가 안심하고 다시 돌아올 수 있는, 지속 가능한 관계의 언어로 자리 잡을 때 비로소 "오래오래 행복하게 살았습니다"라는 말의 무게를 감당할 수 있습니다.

시간을 견디는 디자인

토넷 체어는 지금도 사용되는 것들 중에 가장 오래된 근대 디자인 제품 중 하나로 꼽힙니다. 19세기 중반, 마이클 토넷이 만들어낸 이 의자는 증기 굽힘 기술을 통해 처음으로 대량생산이 가능해진 가구였습니다. 산업적 생산 기술을 디자인 형태와 결합한 첫 사례로 평가받으면서도, 더 놀라운 건 그 형태가 170년이 지난 지금까지도 바뀌지 않았다는 사실입니다.

수많은 디자인이 시대의 유행 속에서 사라졌지만, 토넷 체어는 그 구조와 비례, 용도를 그대로 유지한 채 여전히 전 세계의 카페와 집 안에 존재합니다. 그것은 인간의 몸과 공간, 그리고 생활 리듬에 완벽히 맞아떨어진 형태이기 때문일 겁니다. 그런 의미에서 '시간을 견딘 디자인' 혹은 '형태의 생존력'을 보여주는 예로 보고 싶습니다.

Chapter 5.

일의 본질을 다시 설계하다

AI는 빠릅니다. 빠르게 자료를 정리하고, 빠르게 요약하며, 빠르게 대안을 제시합니다. 이 빠름은 때때로 희소식입니다. 특히 처음 기획안을 구성할 때, 반복적이고 소모적인 작업을 덜어낼 때 우리는 AI의 도움을 기꺼이 받습니다.

하지만 직업인의 일은 단순히 빠르게 보고서를 정리하고, 빠르게 회의안을 만드는 데 그치지 않습니다. 정말 중요한 건 무엇을 제안하고, 왜 그렇게 판단했는지, 그 판단에 어떤 책임을 질 수 있는지의 문제입니다. 빠른 AI의 손끝 너머, 우리는 여전히 깊이 있는 판단과 결정을 요구받습니다.

자료를 정리하는 일은 이제 누구나 할 수 있는 일이 되었지만, 그 정리 속에서 무엇이 본질인지, 무엇을 믿을 수 있는지 가려내는 일은 여전히 사람의 몫입니다. 화면은 많아지고, 결정은 가벼워지고, 설명은 짧아졌지만, 그 결정이 누구에게 어떤 영향을 줄지는 오직 사람이 감당해야 합니다. AI는 업무를 자동화할 수 있어도 '결정의 무게'까지 대신 짊어질 수는 없습니다.

결정의 무게는 단순히 결과에 대한 책임뿐 아니라, 그 결정이 '옳은가'를 묻는 윤리적 기준에서 비롯됩니다. 빠르게 내린 판단이 당장은 효율적으로 보일지 몰라도, 그 선택이 어떤 가치에 기반했는지를 묻는 일은 결국 인간의 몫입니다. 윤리는 속도를 따르지 않으며, 항상 그 이면을 묻습니다.

디자인에서 그러하듯, 일반 업무도 생각보다 훨씬 더 피상적으로 흐릅니다. 수많은 이메일, 보고서, 회의 속에서 우리는 종종 "이 일의 본질은 무엇인가?"를 놓치곤 합니다. AI는 빠른 요약을 제공하지만, 무엇이 문제인지 정의하는 일까지 대신해주지는 못합니다. 정의하는 일은 여전히 사람이 해야 하는 작업입니다. 정의하고, 해석하고, 결정하는 이 복잡한 과정 속에서 인간은 늘 '판단의 주체'로 남아야 합니다.

업무에서 다루는 문제의 크기와 형태는 다양합니다. 단순한 일정 조율부터 시작해 사람 간의 갈등 조정, 부서 간 전략적 타협, 이해관계 조율 등 AI가 '결정'하기엔 복잡하고 민감한 문제들이 너무 많습니다. 빠르게 보고서를 쓸 수는 있어도, 그 보고서가 담고 있는 의미를 충분히 사유하고 설명할 수 있는지는 전혀 다른 문제입니다.

바로 여기에서 인간의 사고력과 책임감이 요구됩니다. 그리고 우리는 이 모든 판단과 해석 속에서 늘 하나의 질문과 마주합니다.

"나는 (그리고 우리는) 어떤 사람으로서 이 결정을 내리는가?"

직업인의 정체성은 단지 직무기술서에 적힌 역할

이 아니라, 반복되는 선택의 축적 위에서 만들어집니다. 어떤 기준을 세우고, 어떤 상황에서 멈추며, 무엇에 동의하지 않는지를 통해 우리는 스스로의 판단 방식을 구성해갑니다.

　AI는 일을 '만들어주는 도구'일 수 있지만, 여전히 그 일을 '왜' 하며 '어떻게' 결정해야 하는가는 사람만이 판단할 수 있습니다. 우리가 자주 놓치는 감각들(이상하게 느껴지는 상황, 설명하기 어려운 어색함, 반복되는 불일치, 미세한 긴장감)은 AI가 감지하지 못합니다. AI 시대에도 직업인이 지켜야 할 것은 바로 이 '판단의 감도'입니다. 그 감도가 곧 우리가 일을 책임지는 방식이며, 스스로를 전문가로 세우는 근거입니다.

　직업인에게 필요한 건 빠름을 뽐내는 것이 아닙니다. 오히려 빠른 흐름 속에서도 자기만의 속도를 유지하고, 충분히 멈출 줄 아는 용기가 필요합니다. 그것은 사고를 버티는 힘이자, 모두가 휩쓸릴 때 "이건 다르게 봐야 한다"고 말할 수 있는 태도입니다.

AI가 아무리 발전해도 직업인의 역할은 결국 “사람이 무엇을 중요하게 여기는가?”를 설계하는 일입니다. 그리고 이 질문은 여전히 사람이 혼자서 오래 생각해야 하는 일입니다.

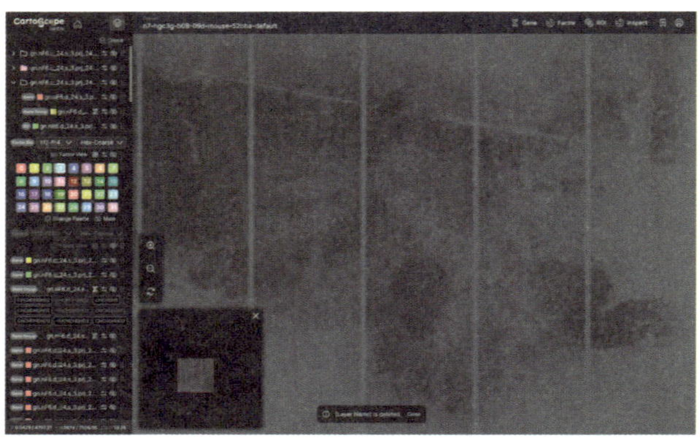

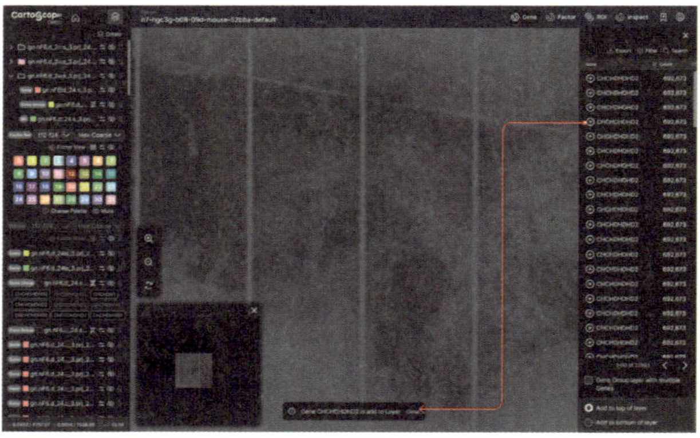

카토스코프Carto-Scope는 초고해상도 공간 오믹스Spatial Omics 데이터를 웹에서 직관적으로 탐색 및 분석할 수 있게 해주는 플랫폼입니다. 이미 기능이 구현된 프로토타입 형태는 만들어져 있는 상태였으나. 이를 외부에 공개해서 사용할 수 있도록 하는 작업이 필요한 시점에 UX 구현을 위한 디자인 작업 의뢰가 들어왔습니다. 기능적으로 이미 구현됐지만. 유용하게 쓰일 수 있는 정보 구조, 인터랙션, 일반적인 UX 규칙에 맞는 디자인이 필요했습니다.

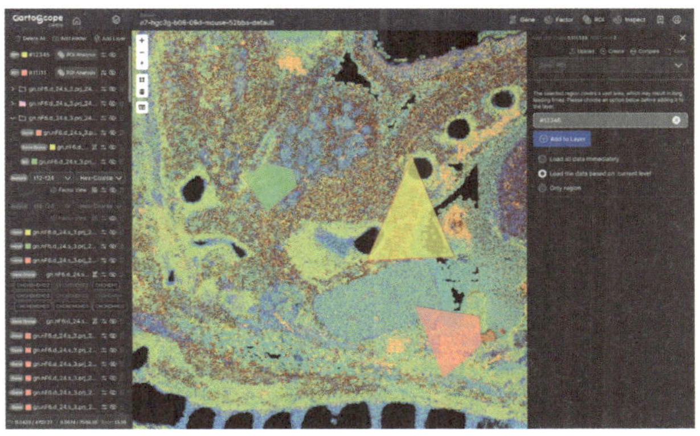

프로덕트가 낯선 실험실의 신기술

연구실에서 시작된 신기술 기반의 툴을 어떤 흐름으로 설계할 것인지, 누구에게 어떤 방식으로 제공할 것인지에 대한 감각은 프로덕트를 처음 다뤄보는 조직에는 생소한 일이었습니다.

요구사항은 회의마다 바뀌었고, 설계된 흐름이 다음 기능으로 넘어갔다가 다시 처음으로 돌아오는 일도 잦았습니다. 실제로 사용되는 기존 툴을 도입해 써보기도 했고, 사용성 테스트 없이 바로 적용해보는 실험적 시도들도 반복됐습니다.

그 안에서 나는 흐름을 붙잡는 사람, 방향을 반복해서 되짚는 사람이 되어야 했습니다. 교수님들과 연구진의 요구사항은 하나의 기능 단위에 머물러 있었지만, 나는 그것이 전체 흐름 안에서 어떤 의미를 가지는지, 어디서부터 연결되어야 하는지를 반복해서 확인해야 했습니다. 기술이 무엇을 할 수 있는지를 경험으로 정리하고, 사용자가 무엇을 해야 하는지를 일관되게 제시하는 구조를 유지하려 했습니다. 팀 전체가 같은 방향으로 갈 수 있도록 맥락을 고정하는 일이었습니다.

단순화와 왜곡의 경계

요약은 복잡한 것을 단순하게 만드는 매우 유용한 기술입니다. 하지만 그 과정에서 종종 진실을 깎아내어 '설명 가능한 것'만 남기곤 합니다.

"Everything should be made as simple as possible, but no simpler."

모든 것은 가능한 한 단순하게 만들어야 하지만, 더 단순해서는 안 된다는 아인슈타인의 말이 자주 인용되는 것은, 단순함은 강력한 도구가 될 수 있지만, 지나친 단순화는 본질을 왜곡하고 오히려 판단을 흐릴 수 있다는 경고이기 때문입니다.

어떤 것을 이해하고 설명하려 하고 나면 이름을 붙이는 경우가 많습니다. 익숙하게 듣게 되는 단어들도 너구 많은 것을 단순화하게 합니다. '젠지Gen Z'라는 말은 오즘 젊은 세대를 통째로 하나의 취향, 하나의 생각, 하나의 행동 방식으로 묶어버립니다. '꼰대'는 불합리한 권위를 비판하는 데 유용하지만, 때로는 단지 세대 차이나 말투를 낙인찍는 도구가 되기도 합니다.

단어 하나로 부를 수 있다는 건 편리하지만, 동시에 그 안에 있던 미묘한 결은 잘려 나갑니다. '번아웃'이라고 말하면 피로, 권태, 의미의 상실 같은 복합적인 정서들이 정지된 단어 하나로 대체됩니다. '캠프'는 수많은 시행착오, 사소한 눈치, 희망과 회의가 얽혀 있는 공동체의 시간을 하나의 인상으로 바꿔버립니다.

우리가 쉽게 던지는 말 속에는 그렇게 누군가의 온도가 빠져나간 자리가 생깁니다.

이름을 붙이는 순간, 일부는 보이기 쉬워지고 일부는 사라지기 쉽습니다. 요약은 선택이고, 선택은 해석입니다. 단어를 쓴다는 것은 단순히 언어를 차용하는 것이 아니라, 특정한 시선을 채택하고 세계를 정리하는 방식을 결정하는 일입니다. 단순하게 말하는 법을 익히는 것은 필요하지만, 단어 하나로는 다 담기지 않는 감정과 맥락까지 보려는 감각은 더 중요합니다.

우리는 서로를 부르는 이름 바깥에서도 여전히 복잡하게 존재하고 살아가고 있으니까요.

요약의 과정에도 무엇을 남기고 무엇을 덜어낼지에 다한 결정이 포함됩니다. 그 결정에는 요약자의 논지와 의도가 자연스럽게 반영됩니다. AI 시대에 이르러 우리는 점점 더 요약과 정리를 기계에 맡기고 있습니다. 문제는 그 요약의 해석 구조조차 AI가 대신하고 있다는 점입니다.

AI는 방대한 정보를 빠르게 요약해주는 데 탁월합니다. 하지만 문제는 그 요약이 어떤 기준에 따라 어떤 구조로, 무엇을 중심으로 정리되었는지입니다. 인간은 정보를 해석할 때 무의식적으로 가치 판단을 개입시킵니다. AI도 마찬가지입니다. 학습된 데이터의 편향, 알고리즘 설계자의 의도, 문장 구조를 단순화하는 방식 모두가 AI의 결과물에 영향을 미칩니다.

표면적으로는 '객관적인 요약'처럼 보이지만, 그 안에는 누락된 맥락, 삭제된 논지, 그리고 의도하지 않은 왜곡이 숨어 있을 수 있습니다. 우리가 AI의 요약에 익숙해질수록, 오히려 우리의 해석 능력은 수동적으로 퇴화할 위험도 있습니다. 그래서 지금 필요한 것은, AI의 요약을 '정답'으로 소비하지 않고, 그 선택을 의심하고 점검할 수 있는 사고의 관성입니다.

좋은 요약은 설득력 있는 구조를 만들어주지만, 그렇다고 해서 그것이 곧 좋은 판단의 근거가 되는 것은 아닙니다. 특히 보고서나 회의자료, 브리핑 노트처럼 '설명 가능함'이 중요한 환경에서는 설명하기 쉬운 구조와 숫자만 남기고, 정작 판단에 필요한 복잡성과 맥락은 사라지기 쉽습니다. 우리가 종종 이해는 됐는데 뭔가 중요한 게 빠진 것 같다고 느끼는 순간이 바로 이런 경우입니다.

판단은, 단순한 정보의 정리가 아니라, 불완전한 정보를 기반으로 한 직관과 맥락 읽기, 그리고 때로는 말로 설명되지 않는 신호들을 감지하는 능력에서 나옵니다. 설명 가능한 것만 남기는 보고서는 '기록'이 될 수는 있지만, 결정을 위한 도구는 아닐 수 있다는 점을 기억해야 합니다.

나도 AI를 많이 사용하고 있지만, 그 결과를 결코 그대로 사용하지는 않습니다. 정확하게 요약했는지, 내 의도가 잘 반영되게 만들어졌는지 항상 확인해야 합니다. 그래서 거꾸로 내가 쓴 문장을 해석하고 요약하게 해보는 일도 종종 합니다. 제대로 모두 요약했다고 생각이 드는 것은 반 정도밖에 되지 않습니다. 아직은.

요약의 정확성과 해석의 정합성을 전적으로 AI에 맡기는 순간, 우리는 해석의 책임자가 아니라 결과의 소비자가 됩니다. 하지만 중요한 결정일수록 그 책임은 인간에게 다시 돌아와야 합니다.

우리는 어떻게 단순화의 책임을 다시 가져올 수 있을까요? 방법은, AI가 정리한 내용을 그대로 쓰지 않고 다시 말해보는 것입니다. 요약된 문장을 자신의 언어로 재구성해보는 과정에서 무엇이 생략되었고 무엇이 강조되었는지 감지할 수 있습니다. 또, 무엇을 요약했는지보다 무엇이 요약되지 않았는지 찾는 감각을 기르는 것입니다. 단순화의 기술만큼이나 단순화의 부작용을 감지하는 민감함도 함께 갖추어야 합니다.

단순화는 반드시 필요하지만, 늘 조심스럽게 다뤄야 합니다. 우리가 AI를 잘 쓴다는 것의 기준은 무조건 신뢰하는 것이 아니라, 조심스럽게 의심하고 전략적으로 수용하는 태도에 있다고 믿습니다.

해석의 책임자

AI는 정보의 요약을 통해 설득력 있는 구조를 만들어줄 수는 있지만, 그것이 반드시 좋은 판단의 근거가 되는 것은 아닙니다. 판단에 필요한 복잡성과 맥락이 사라지기 쉽기 때문입니다. 인간은 결과의 소비자가 아니라 해석의 책임자가 되어야 합니다.

팀워크는
효율로 계산되지 않는다

나는 팀의 힘을 믿는 사람입니다. 잘 돌아가는 팀은 개개인의 능력의 합보다 더 크고 강력한 힘을 내고, 서로가 서로에게 동기부여가 되는 팀이라고 철석같이 믿습니다. 좋은 팀은 함께 일하면서 함께 고민하고, 함께 성장하는 존재들입니다. 그리고 그들은 매번 스스로도 믿지 못할 만큼 멋진 결과물을 내놓습니다. (이상주의라고 해도 할 말은 없지만, 최근 몇 년간 이런 이상적인 상황을 만나면서 그냥 이상주의자로 남기로 했습니다.)

AI는 이제 많은 일을 '혼자서'도 하게 해줍니다. 이메일 초안을 만들고, 회의록도 정리해주고, 보고서도 얼추 완성해줍니다. 때로는 동료보다 빠르고, 실수도 적고, 반복 작업을 수백수천 번 시켜도 불평이 없습니다. 어쩌면 더 나은 '업무 파트너'처럼 느껴지기도 합니다.

하지만 AI는 결코 '팀워크'를 이해하지는 못합니다. 야근할 때 살며시 옆에 와서 도와주는 동료, 끙끙

거리고 있을 때 같이 아이디에이션Ideation에 참여해주
는 동료, 본보기가 되는 실력을 보여주고 나눠주는 동
료, 같은 직업적 고민을 함께하고 같이 공부하는 동료.
이 모든 판단은 데이터로 환원되지 않는 정보들, 즉 맥
락과 감정 그리고 신뢰로 작동합니다.

좋은 팀워크는 효율로 계산되지 않습니다.
천문학에서 삼체 문제는 서로 영향을 미치는 행성
이 세 개만 되어도 그 상호작용을 완전히 예측하는 일
반 해법이 존재하지 않는다는 내용이라고 합니다. 중
력 법칙은 동일하지만, 운동은 혼란스럽고 결과를 예
측하는 것이 불가능하다는 것입니다.
나는 이것이 사람 사이의 관계에도 유사하게 적
용될 수 있다고 생각합니다. 두 사람이 있을 때는 서
로의 감정이나 반응, 관계의 구조가 비교적 단순하지
만, 세 번째 인물이 등장하면 관계는 각자의 감정, 동
맹, 심리, 갈등, 예측 불가능한 상호 영향 등 복잡성이
폭발적으로 증가한다는 것이죠. 이 역동성과 상호작용
이 좋은 방향으로 발현되는 것이 바로 내가 믿는 '팀워

크'입니다. 천문학에서도 세 개 이상의 체가 있는 경우에는 '시스템'으로 조정한다고 합니다. 우리 팀도 우주 하나 정도는 품고 있나 봅니다. 예측은 못 해도, 조율은 하면 되니까요.

기술이 바뀌고, 협업의 도구가 새로워져도 좋은 팀워크가 만들어지는 방식은 예나 지금이나 같습니다. 말하지 않아도 무게를 나누는 순간들을 함께하는 관계는 아무리 AI가 똑똑해져도 대체되지 않습니다. 팀워크는 AI 시대에도 여전히 필요합니다. 함께 결정하고, 함께 실수하고, 함께 책임지는 관계는 자동화되지 않습니다.

AI가 흉내 낼 수 없는 팀

좋은 팀에는 좋은 리더가 필요합니다. 내가 말하는 리더는 직책이나 공식적인 권한을 가진 사람이 아닙니다. 먼저 다르게 일해보는 사람입니다. 누구나 새로운 것을 시험해보고, 설명이나 설득과 함께 본보기를 보여주고, 서로 응원할 수 있습니다. 누군가가 먼저 더 나은 질문을 던지고, 먼저 혼자 하지 않으며, 먼저 투명하게 공유하고, 먼저 조율의 태도를 보여줄 때 사람들은 그걸 보고 조심스럽게 따라 하기 시작합니다. 그렇게 서로가 서로에게 리더가 됩니다.

좋은 팀에는 '이끄는 사람'만큼 '잘 따라주는 사람'도 필요합니다. 먼저 시도한 동료의 방식에 의미를 부여해주고, 좋은 태도를 알아보고 따라 해주는 사람이 있을 때 그 시도는 팀 전체의 문화가 됩니다.

리더십은 한 명이 시작하지만, 팔로우십이 있어야 팀 전체가 움직입니다. 그리고 진짜 좋은 팀에서는 사람들이 리더와 팔로워의 역할을 유연하게 오가며 서로에게 본보기가 됩니다. 이런 팀은 중심 없이도 굴러갑니다. 그리고 그 리듬은 언제나 리더십과 팔로우십이 함께 만들어냅니다. 각자의 방식으로 중심을 만들고, 서로의 방향을 조율하며, AI가 흉내 낼 수 없는 팀워크의 리듬을 함께 만들어갑니다.

함부로 예측할 수 없는 미래
함부로 실행해야 하는 지금

변화의 상황은 우리를 두렵게 합니다. 어제까지 유효했던 기준이 오늘은 낡은 것이 되고, 조금 전까지 믿었던 방식이 순식간에 무너지는 걸 우리는 매일 경험합니다. 직업인으로 오래 살아남고 싶다면 우리는 반복해서 버리고, 다시 정리하고, 그리고 묵묵히 앞으로 가야 합니다. 변화는 선택이 아니라 환경이 되었고, 그 안에서 멈추지 않고 나아가는 힘은 기술이 아니라 태도에서 나옵니다.

우리는 언제든 우리가 원하는 우리가 될 수 있습니다. 한때의 실패도, 잘못된 선택도, 지나친 완벽주의도 다 내려놓고 다시 시작할 수 있습니다. 세상이 정해놓은 성공의 방식은 언제나 균형 잡히거나 공정하지 않습니다. 세상에 어떻게 늘 성공하는 방식만 따라 살겠습니까. 때로는 그냥 살고 싶은 대로 살아야 합니다. 그것이 나를 지키는 유일한 방식일 수도 있습니다.

중요한 건 '지금'의 방향이며, '다시' 시작하려는 마음입니다.

예측만 하다가 멈추는 대신, 감당할 수 있는 범위 안에서 '함부로' 실행하는 용기. 이 모험은 결국 나를 더 단단하게 만듭니다. 완벽한 계획보다 서툴고 무심한 실행이, 정답보다 나의 해석이 더 필요한 시대입니다.

그러니 망설이지 마세요.

기꺼이 흔들리면서, 담대하게 앞으로 나아가세요. 우리의 속도로, 우리의 방식으로.

다시 설계하는 일의 좌표계

1.

내가 대학 4년을 통해 가장 큰 깨달음을 얻은 시간은 뜬금없게도 1학년 때 기초과목으로 들었던 벡터 미적분학 시간이었습니다. (기초라는 이름이 붙어 있지만 실제로는 고등 수학 과목인데, ① 좌표계의 성격 변화, ② 제약식의 논리 구조, ③ 공간과 변수의 대응관계를 일상생활에서는 볼 수 없어 직관적으로 이해하기 어려운 과목입니다. 참고로, 아무리 그래프를 찾거나 그리라고 해도 AI가 버벅거리는 바람에 한 땀 한 땀 그려봤습니다.)

직교 좌표계에서는 중심이 원점이고 반지름이 R인 구는 "$x^2+y^2+z^2=R^2$"로 표현됩니다. 하지만 r, theta, \varphi를 사용하는 구면좌표계spherical coordinates

를 쓰면 "r＝R"이라는 어이없게 단순한 수식*으로 바뀌었습니다.

…이날의 충격이 아직도 나의 뇌세포 속에는 생생합니다.

해야 해서 하긴 했지만, 어렵고 괴롭기만 했던 수학이 갑자기 '재미있는' 것이 된 순간이기도 했고, 그보다 더 중요한 것은 내게 '좌표계'라는 새로운 개념을 머리에 넣어준 순간이었다는 것입니다. 이 '좌표계'에 대한 깨달음은 직업의 상황에서 여러 가지 방향으로 작동했습니다. 문제가 잘 풀리지 않을 때도 내가 모르던 좌표축이 하나 있지 않을까 생각하게 됐고, 설명이 어려울 때는 다른 좌표계를 사용해야 하는지도 생각해 보게 되었습니다.

나는 내가 다른 좌표계에 살고 있음을 인지해야

---

* 표현이 다소 난해하더라도, 원래 개념을 정확히 짚지 않으면 '왜 단순한 식이 되는지'조차 모를 수 있기 때문에 자세히 풀어 설명했습니다. 이렇게 되면 복잡한 구 표면 넓이를 계산하는 것이 평면의 넓이만 계산하면 되는 쉬운 식으로 바뀝니다.

했고, 또 어떤 날에는 그 좌표계에 있는 나만 보이는 것을 다른 좌표계에 있는 사람에게 단순하고 아름다운 형태로 보여줘야 했습니다. 복잡한 걸 풀어내는 일도 중요하지만, 누군가에게 쉽게 보여주는 일, 그 좌표계를 통째로 건네는 일이 더 어려운 날도 많았습니다.

'이건 정말 복잡한 걸까, 아니면 내가 아직 좌표계를 못 바꾼 걸까.'

어떤 문제든 너무 복잡해 보인다면, 또는 아무리 해도 해결되지 않는다면, 우리는 잘못된 좌표계에서 너무 애쓰면서 힘들어하고 있는 것인지도 모릅니다.

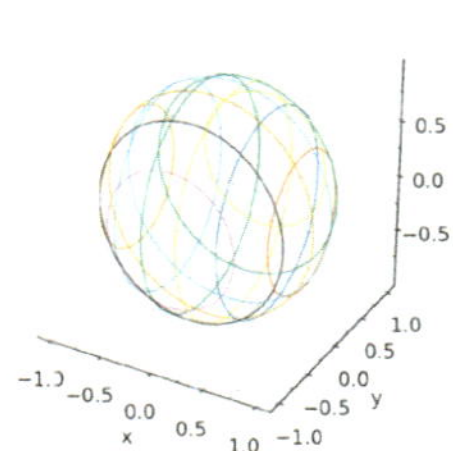

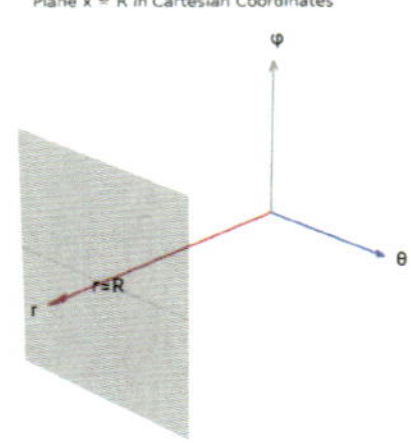

(왼쪽) 직교좌표. 구의 표면을 따라가려면 x, y, z가 모두 동시에 바뀌어야 합니다. 즉, 한 점 한 점 모두 위치가 다르고, 각 점을 따로 계산해야 해서 표면 전체를 한 번에 다루기가 어렵습니다. 조금만 움직여도 좌표가 복잡하게 바뀌기 때문이죠.

(오른쪽) 구면좌표. 반대로 구면좌표에서는 중심에서의 거리 r을 고정해두고, 두 각도 (θ, φ)만 돌리면 됩니다. 이러면 구의 표면이 마치 지도의 위도·경도처럼 일정한 규칙으로 펼쳐져서 표면 전체를 한눈에 다루거나 계산하기 훨씬 쉬워집니다

2.

책의 원고를 마무리할 때쯤 빌 게이츠가 유명 예능 프로그램에 나와서 "무엇이 달라질지 알 수 없지만, 중요한 건 평생 배우려는 자세"라고 말했습니다. 세계적인 거부가 내가 쓰고 있는 이 책의 내용과 같은 맥락의 얘기를 하는 것을 보고, 나도 같은 생각을 하고 있다는 뿌듯함과 뭔가 내 생각의 고유함이 손상된 것 같은 아쉬움이 동시에 들었습니다. 세계적인 부호이자 혁신가가 강조하는 것도 결국 '태도'라니. 지식이나 도구보다 앞서는 것이, 기술보다 더 오래 살아남는 것이 결국 사람의 '자세'라면, 우리가 계속 배우고 다시 시작할 수 있다는 믿음만큼은 잃지 않아야 한다고 생각했습니다.

3.

한 스케치코미디 팀이 제작한 영상에서 '워라밸' 팀은 보고서를 작성하고 있습니다. 그림판으로 글씨를 '그리고', 마우스에 자를 대고 표를 그립니다. 이 장면을 보고 이렇게 말했습니다. "저거보다 타이핑이 훨씬 쉬운 거 아냐? 슬라이드 작성 프로그램에서 한 번에 표 만들기가 되는데 왜 저렇게 힘들게 해?"

드라마나 영상에는 현실과는 좀 다른 장면들이 많이 나오곤 합니다. 의학 드라마를 보면서 의사들이, 법정 드라마를 보면서 변호사들이 누가 저러냐고 얘기하는 걸 많이 봤거든요. 오피스 드라마도 그래요. 굳이 다큐멘터리로 볼 필요는 없으니, 그러려니 하지만요.

하지만 영상을 보면서 혹시 우리도 저렇게 일하고 있는 건 아닐까, 생각했습니다. 방법을 몰라서, 배운 적 없어서, 남들이 다 저렇게 하길래. 사실은 훨씬 쉬운 길이 있었는데 돌아가고 엉뚱한 데 에너지를 다 써버리그 있던 건 아닐까. 워라밸을 찾았다 생각했지만, 사실은 또 다른 의미에서는 너무나도 쉬운 일을 너무

나도 어렵게 하는 건 아닐까.

몇 년 전 유행했던 '상사 유형'에 대한 매트릭스가 떠올랐습니다. 상사만 유형이 있는 건 아니겠죠. 우리 모두 매트릭스의 어디엔가는 자리하고 있을 거고, 그 위치는 본인들이 잘 알고 있을 것 같습니다.

이 매트릭스에서는 '똑게(똑똑한데 게으름)' 상사가 함께 일하기에 가장 좋다고 합니다. 동료들도 크게 다르지는 않을 것 같습니다. 일 잘하고, 필요한 만큼만 힘쓰는 사람. 쉬운 건 쉽게 하고, 어려운 건 같이 풀 줄 아는 사람. 결국 일도, 워라밸도 그렇게 같이 가야 하지 않을까요.

'똑게'냐, '똑부(똑똑하고 부지런함)'냐는 각자의 성향이고 선택일 수 있습니다. 하지만 적어도 멍청(!)의 매트릭스에 위치한 나의 모습을 '선택'하고 싶은 직업인은 없을 것으로 생각합니다. 우리가 '선택'의 기쁨을 누릴 수 있기 위해서는 우선 '똑'의 매트릭스로 들어와야 한다는 것입니다.

이 책은 30년 동안 일했던, 그리고 지금도 운 좋게 살아남은 직업인이 그런 '멍'의 매트릭스를 벗어나기 위해서 했던 일들을 바탕으로 한 작고 현실적인 실천들로 채워져 있습니다. 반드시 똑게가 되어야 한다는 이상을 말하려는 건 아닙니다. 그보다는 지금보다 조금 더 잘할 수 있는 방법이 있다는 사실을 알고, 필요할 때 언제든 다시 배울 수 있다는 용기를 함께 나누고 싶었습니다. 일을 대하는 태도는 기술보다 오래가고, 성과보다 깊이 남습니다. 누군가는 더 빨리 배우고, 더 적게 지치고, 더 멀리 갑니다. 그 차이를 만드는 건 복잡한 스펙이나 거창한 전략이 아니라, 아주 단순한 마음가짐일지 모릅니다.

4.

배우는 사람은 결국 '덜 소모되며' 살아남습니다. 배우는 사람은 회사를 바꾸더라도, 역할이 바뀌더라도, 다시 시작할 수 있다는 자신감을 갖고 있습니다. 그 자신감은 기술에서 오지 않습니다. '나는 계속 배울 수 있다'는 단단한 믿음에서 옵니다. 그 믿음이야말로 내가 이 책에서 다루려는 진짜 성장의 핵심입니다.

배우지 않으면 쉬운 일도 고생스럽게 합니다. 그리고 그건 우리가 꿈꿨던 워라밸과는 아주 먼 세계입니다.

올리비아에 관한 주석

* 대학을 막 졸업하고 스스로 무엇을 원하는 디자이너인지조차 분명하지 않던 시절, 올리비아는 제게 처음 나타난 나침반이었습니다. 늘 누군가처럼 되지 말아야 한다는 생각만 하던 저에게, 처음으로 '저 사람처럼 되고 싶다'는 마음을 품게 만든 어른이 바로 그녀였습니다.

올리비아는 제 디자이너 인생의 여러 터닝포인트를 선물했습니다. 디자인이 무엇인지도 확신하지 못했던 병아리 디자이너였던 저에게, 지금도 여전히 배우는 중이지만, 매 순간 기분 좋은 긴장감과 깨달음을 주며 더 나은 디자이너, 더 단단한 어른으로 자랄 수 있도록 이끌어주었습니다.

사랑하는 동생들과 친구들에게도 올리비아 같은 존재가 있으면 좋겠다는 마음을 늘 품었습니다. 모두에게 직접 소개할 수 없던 아쉬움이, 이제 이 책을 통해 조금은 해소될 것 같습니다. 제가 받아온 방향성과 지혜를 누군가에게 선물처럼 전할 수 있게 되어 너무 기쁩니다.

그녀가 이야기해온 본질, 구조화, 배움의 태도, 그리고 디자이너만의 무심한 질서는 일하는 방식의 기준점이 되었습니다. 원고를 다시 마주하며 이미 알고 있다고 생각했던 것들조차 새롭게 이해하게 되었고, '아하'의 순간들을 통해 스스로를 돌아보는 귀한 시간이 되었습니다.

많은 디자이너와 직업인들이 올리비아와 함께한 시간을 통해 성장하고 있고, 저 또한 그중 한 사람입니다. 이 책이 더 많은 사람에게 그런 경험을 간접적으로 라도 건넬 수 있기를, 그래서 누군가는 이 책을 통해 자신만의 올리비아를 만나는 기회를 얻기를 진심으로 바랍니다. 믿고 따를 리더나 동료를 아직 만나지 못한 사람이라면, 저는 꼭 이 책을 곁에 두라고 말하고 싶습니다. 제가 누리고 있는 소중한 성장의 나침반을 다른 이에게도 선물할 수 있는 순간을 만들어주셔서 감사합니다.

_김민주(잡코리아 프로덕트 디자이너)

** 어떤 디자인을 해야 좋을지, 커리어는 어떻게 만들어 나가면 좋은 건지. 주니어와 시니어 사이 어디쯤에서 고민 많던 시기에, 올리비아를 만났습니다. 흥미로웠던 건, 저와 올리비아 둘 다 '공대 나온 디자이너'라 그런지, 비슷한 생각의 결을 가지고 있었다는 점입니다. 하지만 올리비아가 표현하는 방식이나 디테일은 분명 달랐고, 그 차이가 제 사고를 확장시키는 자극이 되었습니다.

이 책을 읽으며 그때의 대화들이 다시 떠올랐습니다. "판을 읽어야 기저의 진짜 문제가 드러난다"는 것, "문제 정의가 곧 판을 제대로 읽었는지를 보여주는 시험지"라는 것처럼 올리비아와 나눴던 이야기들이 이

책 곳곳에서 더 구체적이고, 누구나 이해하기 쉬운 언어로 정리되어 있었습니다. 제 머릿속에서 부유하고 있던 생각들이 명확한 문장이 되어 있었습니다. 특히 인상 깊었던 것은 "나는 이미 안다"는 착각을 버리고, "나는 언제든 다시 배울 수 있다"는 태도. 저는 스스로 계속 배울 수 있다는 믿음은 있지만, 완벽주의 때문에 다시 시작하는 것에 대한 두려움도 컸습니다. 이 책은 그 두려움의 정체를 고찰하게 해주었고, '배움은 불완전 속에 있다'는 것을 받아들이고 실패로부터 더 배울 용기를 주었습니다.

이 책이 "어떻게 하면 일을 잘할 수 있지?"에 직접적인 답이 되어주지 않을 수도 있습니다. 하지만 확실한 것은, 일의 본질을 이해하고 진짜 집중해야 할 것을 스스로 찾을 수 있게 돕는다는 것입니다. 올리비아의 사고방식, 다양한 좌표계로 바라보는 눈, 문제를 정의하는 방식, 끊임없이 학습하여 적용하는 태도를 이 책을 통해 당신도 경험할 수 있을 것입니다. 이를 자신만의 방식으로 흡수하고 내재화한다면, 혼자 맨땅에

헤딩하는 것보다 훨씬 빠르게 성장할 수 있을 것이라
확신합니다.

_박은희(콴다 프로덕트 디자이너)

*** 올리비아와 함께 일하는 동안 가장 크게 배운 것은
'문제를 올바르게 정의하고 구조를 세우는 감각'입니
다. 그것이 디자이너의 핵심 역량이라는 사실은 일을
하면서 금세 깨달을 수 있었습니다. 올리비아는 어떤
문제든 본질을 정확히 포착하고, 그 주변의 맥락을 구
조화하며, 문제를 다시 재구성해 나가는 과정을 늘 실
천으로 보여주었습니다. 나는 그 옆에서 자연스럽게
구조화라는 감각을 배우고, 디자인의 범위를 더 넓고
깊게 바라볼 수 있었습니다.

　무엇보다 올리비아에게 깊이 감사하는 점은, 그녀
가 보여준 흔들리지 않는 태도와 다정함입니다. 새로
운 도구와 방식을 익히는 데 주저함이 없고, 끊임없이
배우는 모습을 통해 '성장을 대하는 자세'가 얼마나 중
요한 것인지 배웠습니다. 힘든 문제 앞에서도 긍정적
인 태도로 가능성을 확장해 나가는 모습을 보며, 나 역

시 일의 범위를 두려움 없이 넓힐 수 있는 용기를 얻게 되었습니다. 그리고 그 시간들 덕분에 나는 프로덕트 디자인이라는 업을 더 깊이 사랑하게 되었습니다.

디자인은 종종 겉으로 보이는 아름다움으로만 평가되지만, 실제로는 보이지 않는 수만 번의 선택과 사용자의 삶을 끝없이 상상하는 과정의 연속입니다. 이 책은 복잡한 상황 속에서 우리가 무엇을 먼저 봐야 하고, 어떻게 문제의 본질을 파악하며, 어떤 태도와 감각을 배워나가야 하는지를 함께 고민을 나누는 동료처럼 풀어냅니다.

올리비아의 일에 대한 철학과 태도가 고스란히 담긴 이 책에는 사람들의 삶을 더 낫게 바꾸는 것이 자신의 역할이라는 믿음이 한 문장 한 문장 깔려 있습니다. 읽다 보면 '어떻게 더 쉽고 간편한 기능을 만들 수 있을까'가 아니라 '사람이 원하는 변화를 어떻게 행동으로 이어가게 할까'를 고민하는 방식으로 사고가 전환되는 경험을 하게 될 것입니다. 문제를 바라보는 관점이 혼란스러운 디자이너에게, 자신의 성장 방향이 막연하게 느껴지는 직업인에게, 그리고 일을 더 오래 사랑하고 싶은 모든 사람에게 이 책은 분명 단단한 기준이 되어줄 것입니다.

올리비아와 함께 일한 시간이 내게 큰 배움을 준 것처럼, 독자들에게도 오래 남는 길잡이가 되리라 확신하며 기꺼이 추천합니다.

_이재원(CJ ENM 프로덕트 디자이너)

지은이 **올리비아 리**

사람과 기술, 브랜드와 맥락을 연결하는 디자인으로 문제를 푸는 사람. 처음 생긴 학교라는 호기심에 이끌려 서울과학고등학교에 진학하고, 재학 중에는 교수님의 학과 소개에 매료되어 카이스트 산업디자인학과에 입학했다. 주변에서는 진지하지 못하다고 걱정했지만, 다행스럽게도 디자인이라는, 세상과 과학을 연결하는 가장 섬세한 일에 단단히 뿌리내리고 30년째 한 길을 걷고 있다. 프로덕트, 브랜드, 마케팅 디자이너로 성신여대, 중앙대, 이화여대, 한예종에서 UX와 브랜딩, 디자인 매니지먼트 강의를 통해 학생들을 만났고, 삼성전자와 현대자동차 등 다수의 대기업과 째깍악어, 스트라드비전, 매스프레소, 클럼엘 등 스타트업에서 UX 및 자체 서비스 디자인, 브랜딩을 총괄했다. 현재 미국과 한국을 오가며 CJ ENM K팝 콘텐츠 및 커뮤니티 서비스 디자인 총괄, 잡코리아 AI디자인센터장으로 잘하는 일을 여전히 잘해내려 노력하고 있다.